JN123200

「会計基準省令」準拠

四訂版

# 社会福祉法人会計

## 簿記テキスト

上級（財務管理）編

これからの経営に
ご活用ください

# 監修にあたって ── 沿革と課題 ──

　我が国の社会福祉事業は戦後長期にわたって措置制度を基本に運営されてきましたが、幾多の制度改革を経て、現在では、「利用者主権」「直接契約」「経営」などをキーワードとする、多様化するニーズに対するきめ細やかなサービスの実現に向けた取り組みが行われています。

　平成12年度にスタートした介護保険制度や、障害者を総合的に支援する制度（平成25年度）も、新たな転換期を迎えています。また子育ての分野では社会保障制度と税制の一体改革のなかで新たな財源を確保しつつ、保育所と幼稚園とを一体化した子ども・子育て支援制度がスタートしています。

　会計システムの面でみると、平成12年4月には「社会福祉法人会計基準」や「指定介護老人福祉施設等会計処理等取扱指導指針」が示され、平成13年4月に「授産会計基準」、平成18年10月には「就労支援等の事業に関する会計処理の取扱いについて」が示されるなど、福祉事業の種別に応じて様々な会計処理方法が示され、その複雑さを巡って、現場からは全ての社会福祉法人に統一的に適用される新しい会計基準を求める声が次第に強くなってきました。

　このような声に応えるとともに、一般企業における「企業会計原則」との親和性も考慮して、平成23年7月に新たな「社会福祉法人会計基準」が通知され、平成24年度から施行されました。また、平成28年3月には、社会福祉法人制度改革に伴って、社会福祉法第45条の23・同第45条の24・同第45条の27の厚生労働省令（第79号）として法令の一部に組み込まれ、強制力のある会計基準として公布され、内容的には平成23年7月の会計基準をほぼ踏襲しております。

　しかし、今もなお社会福祉法人会計は一般の企業会計とは異なる点が多いこともあって、簿記や会計業務に精通した職員が少ない社会福祉法人や、人事異動の多い自治体などの職員の方々にとって、社会福祉法人会計を体系的かつ実践的に学び使いこなすことは決して容易なことではありません。また現在の社会福祉法人の現場においては、会計ソフトによる業務処理が主流となっていますが、その会計ソフトを使いこなせるか否かは複式簿記の仕組みや「社会福祉法人会計基準」の内容を十分理解しているか否かにかかっています。これらの基礎知識を理解せずに会計ソフトを盲信することはとても危険なことです。十分に理解されずに会計ソフトを盲信して入力した結果、計算書類が正しく作成されていないといった事例も見受けられます。一方で、所轄庁として指導監査をおこなう自治体の職員の方々からも「社会福祉法人会計の特殊性が理解しにくい」とか「簿記を含め会計の知識を学ぶ機会が少ない」などという声も聞かれました。

　こうした背景のもと、社会福祉法人を中心に非営利法人の活動を会計面で支援しようとする公認会計士や税理士の有志が社会福祉事業について基礎から学習を重ねながら、平成9年に結成したのが総合福祉研究会（現在の「一般財団法人総合福祉研究会」）です。

　当法人は、簿記会計を一から学びたい方、一般の企業会計経験者で社会福祉法人会計との相違点について学びたい方、ある程度の社会福祉法人会計の経験者の方でより高度な社会福祉法人会計及び財務管理の知識を学びたい方々に対して、体系的に学ぶことのできる学習カリキュラムが必要であると考えました。そこで、社会福祉法人の理事長や学者などの学識経験者とともに平成15年に結成された特定非営利活動法人福祉総合評価機構の協力のもと、『入門・初級編』など4冊のテキストを作成し、講座やセミナーなどを全国各地で開催してきました。

　また学習者が自らの理解度を確認できるとともに、社会福祉法人が会計担当者の能力評価の参考とできるよう、初級・中級・上級(簿記会計)・上級(財務管理)の4区分ごとに平成16年度から段階的に年1回ですが認定試験として実施するシステムを確立しています。「社会福祉法人会計基準」に準拠した社会福祉会計簿記認定試験を第15回（令和元年度）までで延べ22,000人を超える方々に受験していただき、社会福祉事業関係者から一定の認知・評価を得られるに至ったものと考えています。

　さらに、第15回(令和元年度)試験からは公益社団法人全国経理教育協会との共催により内閣府公益事業認定として試験を実施しており、より公益性の高い試験となっております。

　社会福祉法人会計簿記の特色を踏まえた学習を行うために大切なことは、習熟度に応じた体系的かつ実践的な学習カリキュラムを構築することであり、簿記会計の基礎から経営内容を判断するための財務管理までを体系的に学習できることです。

　講義を聞いて終わるのではなく、自らペンを取り、『入門編』で基礎知識を学び、その後、初級・中級・上級と難度が上がっていくたびに前段階の学習内容を確認し、実践に結び付けながら次のステップに進むことができることを主眼として、当法人の学習カリキュラムは策定されており、「わかりやすい」「役に立つ」「やる気が起きる」などと好評を得ています。

　ご存知のとおり、民間企業の場合には日本商工会議所や全国経理教育協会などが行う簿記検定試験があり、面接や採用後の処遇などにおいても有効な判断材料として活用されている一方、社会福祉事業の場合はこれまでそれに類似した認定試験が構築されていませんでした。今後、当法人の実施する社会福祉会計簿記認定試験が広く活用され、社会福祉事業関係者のためのインフラの一つとして機能を果たすことができるよう、引き続き努力する所存です。

　社会福祉法人の現場で会計事務を担当される職員の方々はもとより、法人役員や福祉行政関係者の方々が、この学習カリキュラムによって社会福祉法人会計基準を正しく理解され、認定試験合格を目指して研鑽を積んでいただくことが、必ずやご自身の今後の職務遂行に役立ち、所属されている社会福祉法人の財務規律の向上に寄与することとなり、ひいてはそのことが我が国の社会福祉事業の発展に資するものであると信じています。

　　令和2年8月

　　　　　　　　　　　　　　　　　　　　　　　一般財団法人　総合福祉研究会
　　　　　　　　　　　　　　　　　　　　　　　　代表理事　　本井　啓治

## はじめに ── 編集にあたって ──

　全ての経営体にとって、会計は、経営体の姿を正しく表現して経営体内外の関係者に伝えるという大切な役割をもっています。社会福祉法人においてもそれは同様です。社会福祉法人の会計制度を正しく理解し、それに則した会計処理を行うことによって、社会福祉法人の現状を、広く社会福祉に係わる人たちに正しく理解してもらうことが、これからの社会福祉法人制度を守り、発展させていくためには必要不可欠なことと思われます。

　社会福祉法人の会計実務を正しく行なうためには、日商簿記検定に代表される一般企業における複式簿記の知識に加え、社会福祉法人会計基準の特性を理解する必要があります。しかし、一般にそのような趣旨の書籍や学習用テキストは稀であり、社会福祉法人会計に携わる人たちのための、簿記会計の初心者から学べる教材・カリキュラムの存在が望まれていました。

　このような社会的要請の中で「社会福祉会計簿記認定試験」が誕生し、認定試験も本年で16回を数え、過去に受験された方々は延べ20,000人を超えています。また、総合福祉研究会所属の社会福祉法人を専門とした職業会計人の活動によって学習教材等が編纂されるとともに、社会福祉法人会計基準を基礎から学んで認定試験に合格していただくための「社会福祉会計簿記テキスト」が刊行され、これまで数度の改訂を重ねてきました。

　この簿記テキストは認定試験のグレードに合わせ、「入門編・初級編」、「中級編」、「上級（簿記会計）編」、「上級（財務管理）編」の４冊で構成されています。それぞれの内容は、テキストを学習して理解することによって各級の試験に合格できる程度の能力を身につけていただくことを目的としています。中でも、特にこの「上級（財務管理）編」では、法人理事長や役員、また指導的立場にある職員など、法人の方針決定等に大きく関わる方々に知っておいていただきたい内容を取りあげました。

　このテキストでは、いわゆる"簿記"という帳簿作成技術ではなく、財務数値をどう理解し、法人経営にどう役立てていくかが重要な視点となっています。そのようなことから、社会福祉会計簿記認定試験においても、上級における簿記会計とセットで合格資格が付与されることとされています。

　これまでの社会福祉事業は、特に、改正社会福祉法の施行以前の措置制度下では、「法人経営」に焦点のあたることは皆無といってよかったために、法人が自らの財務状況について検討することの必要性が十分認識されていませんでした。しかし、今日の日本では、社会福祉事業全体が直接契約制度に転換していく方向にある中で、

社会福祉事業というすべての国民にとって大切な社会的事業を、いかにして質の高いサービスを提供するとともに、そのサービスをいかに"継続"していくことができるかを考えなければならない時代に突入しています。

一方で、このような社会福祉法人の経営状況に関して、国民の間でも関心が持たれ始めています。研究者の間では、「社会福祉法人が利益を過剰に留保しているのではないか」といった議論も起こり、社会福祉法人の財務状況を客観的に正しく分析して理解することが必要不可欠な時代になってきています。

このような状況の中で、例えば、独立行政法人福祉医療機構では、社会福祉法人の経営分析に着手しており、社会福祉法人のより良い経営判断に重要な資料を提供しています。本書でも、必要に応じて同機構の分析について、許可をいただいて解説しました。

近年では、社会福祉法人の現場においても、コンピューターによる業務処理が主流になってきています。しかし、コンピューターが提供してくれる情報を利用できなければ、それは有益な宝物を埋もれさせてしまっているのと同じことになります。情報を単に"眺める"のではなく、情報から得られる結果を人間がどう"理解"し、どう"活用"していくかがとても重要なことだと言えるでしょう。

この「上級（財務管理）編」は、社会福祉法人が"良質なサービスを継続し続ける"ために何が必要なのか、そのことが判断できる力を磨いていただくことに注力しました。

本書は、認定試験合格のための学習教材であると同時に、今後の実際の事業経営においても、何か判断に迷った時の道標として活用していただくことができれば、本当に嬉しいことです。

同時に、社会福祉会計簿記認定試験による資格制度が、社会福祉法人の現場に定着し、学習される方々の意欲の向上と社会福祉法人の事務職の方々の能力の正当な評価につながることを望んでいます。

社会福祉法人において質の高い会計処理がなされ、正しい情報公開を行うこと。その結果、社会福祉法人とその制度が広く社会から理解され、充実・発展すること。それこそが、私たちの願いです。

令和2年8月

社会福祉法人会計簿記テキスト上級（財務管理）編作成委員会

# Index

# *Index*

# Index

## Ⅳ．意思決定のための会計

---

## Ｖ．財務諸表の分析

# *Index*

## Ⅵ. 社会福祉充実残額の算定

## 別冊／解答編　◆　練習問題《財務管理 編》解答　◆

# I

# 貸借対照表とフローの計算書

ここでは、「財務管理」の基礎知識として、計算書類（貸借対照表・資金収支計算書・事業活動計算書）の基礎構造と簡単な見方、そして、計算書類の相互関係について学びます。

# 1 『貸借対照表』を理解しよう

## (1) 見かけの「資産」と「純資産」

　ある人が、3,000万円のマンションを持っているとします。マンションは、いわゆる「**資産**」ですね。さて、その人は、3,000万円のマンション（＝「資産」）を持っているので、「3,000万円の資産家だ」といえるでしょうか。一見すると、そう言えるようですが…、どうでしょう？

　そうですね、その人が無借金でそのマンションを所有しているなら、確かに「3,000万円の資産家」と言えるでしょう。でも、同額の住宅ローンが残っており、さらにマンション以外に資産はないのに、カードローンが500万円も残っていたら…。そう、「資産家」どころか多重債務者ですね。

　このように、ある人の資産状態がどうであるかについては、現にその人が運用している目に見える資産だけでなく、その**資産を取得するための資金をどのように調達しているのか**を見る必要があります。

　ある人が3,000万円の資産を所有していて、返す必要のある借金は2,500万円の住宅ローンだけだとすると、その人の正味の資産は500万円だということになります。この正味の資産を会計では、「**純資産**」と呼んでいます。図示すると、次のようになります。

返済（あるいは弁済）する必要のある債務を、会計では「**負債**」といいます。

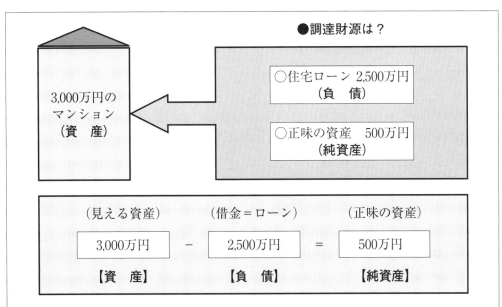

　上の図に見るように、会計では、すべての「資産」から、すべての「負債」を引いたものを「純資産」と呼んでいます。そして、「資産」に対して、「負債」及び「純資産」を対比した表を『貸借対照表』と呼んでいるのです。

「純資産」＝
「資産」－「負債」

## ⑵　『貸借対照表』とはナニか

　社会福祉法人に限らず、経済活動を伴うすべての組織体（経営体）は、何らかの方法によって資金を**調達**し、そして、調達した資金を資産として**運用**しています。一定時点での、その経営体が調達している資金と、それが現に運用されている資産とを対照して示しているのが『貸借対照表』なのです。

　ですから、もっとも単純化した『貸借対照表』は、「資金の運用」と「資金の調達」との対照表として表すことができます。

一定時点における資金の調達と運用の状態を表しているのが『貸借対照表』です。

| もっとも単純化した『貸借対照表』 ||
| --- | --- |
| 借方 ＝ 資金の運用 | 貸方 ＝ 資金の調達 |

　なお、資金は、その経営体に対する与信提供者から調達されます。この与信提供者を、「経営体に対して与信を提供してくれた人＝貸した人」という意味で「貸方」といい、借りた側の経営体はそれを資産として運用することとなるので、資産の方を、「借りた側」の意味で「借方」といいます。

　この「借方」と「貸方」を対照にした表が、『貸借対照表』なのです。

　ところで、資金の調達には、返済を要する「負債」としての調達と、返済を要しない「純資産」としての調達の二つがあります。同じ「調達」といっても、返済を要するか否かで、「負債」と「純資産」は、まったく意味内容が異なります。そこで、このような資金調達財源を区分して示すと、『貸借対照表』は、次のように示されることになります。

「借方」・「貸方」の「方」は、「親方」の「方」と同じ意味です。借方には「借主」が、貸方には「貸主」がいるということですね。

「純資産」は主に、法人外部から拠出を受けた「基本金」と、事業活動によって生じた活動増減差額からなります。

| 資金調達財源を区分した『貸借対照表』 ||
| --- | --- |
| （借　方 ＝ 資金の運用） | （貸　方 ＝ 資金の調達） |
| 資　産 | 負　債 |
| | 純　資　産 |

左で、「資産＜負債」の状態だったら…？そう、債務超過状態ですね。

　純資産は、「資産－負債」ですので、『貸借対照表』は、必ず左右の金額がバランスします。このことから、『貸借対照表』を「Balance Sheet」と呼んでいます。以下、このテキストでは、「Balance Sheet」の頭文字をとって『貸借対照表』をＢ／Ｓと記載します。

## (3)　B／Sの構造はどうなっているか

　B／Sは、「資産」と「負債及び純資産」を左右に分けて対照させた表です。ここで「負債及び純資産」といっても、「負債」と「純資産」とでは、返済を要する調達か、そうでないかという大きな違いがあります。「純資産」は返済の必要のない財源であり、法人が安定した経営を続けてゆく上で「純資産」を積み上げてゆくことはとても大切です。

　さらに、短期的な支払能力という観点で「資産」を吟味すると、支払手段となる「現金預金」や、早期に資金化される「事業未収金」や「立替金」などの流動性の高い資産と、「建物」や「土地」、「器具備品」などの資金が固定化されている資産とに、大別されることが分かります。

　同じように「負債」についても、「短期運営資金借入金」や「事業未払金」のように短期的に支払を要する負債と、「長期運営資金借入金」や「設備資金借入金」のように長期的に支払えばよい負債とに区分されることになります。

　以上のように、「資産」・「負債」を「流動」・「固定」に区分すると、B／Sは、次のように示すことができます。

> 流動性の高い資産を**流動資産**といいます。
> 資金が固定化されている資産を**固定資産**といいます。
> 短期的に支払を要する負債を**流動負債**といいます。
> 長期的に支払えばよい負債を**固定負債**といいます。

### 要約B／S

| （借　方　＝　資金の運用） | （貸　方　＝　資金の調達） |
|---|---|
| 流　動　資　産 | 流　動　負　債 |
| | 固　定　負　債 |
| 固　定　資　産 | 純　資　産 |

> 左のB／Sが、分析を行う場合の基本形です。

　また、B／Sは、上に示した要約B／Sのように、流動性の高い勘定科目から順に記載することになっており、これを**流動性配列法**と呼んでいます。

　以上までに学んだことから、B／Sの構造は、次の頁のように示すことができます。どうかジックリと味わってください。

　なお、「現金預金」以下の各勘定科目の内容がどのようなものであるのか、そのことを一つ一つ考えながら見てください。

> 計算書類に記載される資産等は、内容によって分類されますが、この分類された項目に付された名前が「勘定科目」です。単に「勘定」あるいは「科目」と表現される場合があります。

## B ／ S の 構 造

| 資産の部（借方） | | | 負債・純資産の部（貸方） | | |
|---|---|---|---|---|---|
| | **１ 年 以 内 の 支 払 い に 充 当 可 能** | | 負債＝他者資金 | **１ 年 以 内 に 支 払 う 借 金** | |
| 何に使っているのか（資金の運用） | 流動資産 | 150 | | 流動負債 | 120 |
| | 　現　　金　　預　　金 | 45 | | 　短期運営資金借入金 | 30 |
| | 　事　業　未　収　金 | 70 | | 　事　業　未　払　金 | 90 |
| | 　貯　　　蔵　　　品 | 5 | 200 | **１ 年 を 越 え て 支 払 う 借 金** | |
| | 　立　　　替　　　金 | 10 | | 固定負債 | 80 |
| | 　短　期　貸　付　金 | 15 | | 　設　備　資　金　借　入　金 | 80 |
| | 　仮　　　払　　　金 | 5 | | | |
| | **資 金 が 固 定 化 し て い る** | | | **支 払 う 必 要 が 無 い ！** | |
| | 固定資産 | 1,850 | 純資産＝自己資金 | 基　本　金 | 1,550 |
| | 　基本財産 | 1,200 | | | |
| | 　　土　　　　　　　地 | 1,000 | | 国庫補助金等特別積立金 | 130 |
| | 　　建　　　　　　　物 | 200 | | | |
| | 　その他の固定資産 | 650 | | その他の積立金 | 100 |
| | 　　土　　　　　　　地 | 70 | | 　人　件　費　積　立　金 | 100 |
| | 　　建　　　　　　　物 | 30 | 1,800 | | |
| | 　　器　具　及　び　備　品 | 450 | | 次期繰越活動増減差額 | 20 |
| | 　　人　件　費　積　立　資　産 | 100 | | | |
| | 合　　　　　計 | 2,000 | | 合　　　　　計 | 2,000 |

（注）固定資産のうち、定款で定める基本財産と、その他の固定資産とを区別して記載します。これは、社会福祉法人会計独特の記載方法です。

　資産や負債については、まだ分かりやすいのですが、純資産の内容については少し分かりにくいと思いますので、ここで簡単に説明しておきます。

　あなた個人の場合、あなたの純資産は、何から成り立っていますか？

　そう、コツコツと働いて資産形成をしてこられた結果ですね。社会福祉法人の場合、それが「次期繰越活動増減差額」です。法人の活動によって貯えられた純資産の増減差額の累積額です。

　また、贈与によって資産を得たという人もいます。それも、大きな「純資産」の形成要因ですね。社会福祉法人の場合には、法人設立や施設の創設に伴なって寄附を受けた金額を、純資産に「基本金」として計上します。

　「国庫補助金等特別積立金」については、また別に学びますが、寄附金額を計上する「基本金」とは異なり、国等から固定資産を取得するために補助を受けた場合に、当該金額を計上します。正確ではありませんが、

「次期繰越活動増減差額」は、一般企業でいう「利益」が留保された「繰越利益剰余金」に相当すると考えられます。

固定資産取得のため、民間から寄附を受けた金額は「基本金」、国等から補助を受けた金額は「国庫補助金等特別積立金」、と整理すると分かりやすいと思います。

以上で、B／Sの説明ははば終わりです。さらに詳しいB／Sの見方や分析の仕方については、また後で学ぶこととして、今は、B／Sを理解することが主題です。次の二つの練習問題は、そのための問題です。

**練習問題1**は、前頁のB／Sを見ると簡単に答えが見つかりますが、早く解いても自分の役に立ちません。一つずつ、考えながら解いてみてください。

また、**練習問題2**は、B／Sの構造が理解できていないと解けません。

## 練習問題 **1** B／S項目を分類する

次の科目は、それぞれB／Sのどの区分に分類されるでしょうか。

適切と思われる区分に、○を付けてください。

### 【解答欄】

| | 科　　目 | 流動資産 | 固定資産 | 流動負債 | 固定負債 | 純資産 |
|---|---|---|---|---|---|---|
| ① | 建　　　　物 | | | | | |
| ② | 現　金　預　金 | | | | | |
| ③ | 短期運営資金借入金 | | | | | |
| ④ | 立　替　金 | | | | | |
| ⑤ | 事業未払金 | | | | | |
| ⑥ | 事業未収金 | | | | | |
| ⑦ | 設備資金借入金<br>（1年以内返済予定のものはありません） | | | | | |
| ⑧ | 土　　　　地 | | | | | |
| ⑨ | 短期貸付金 | | | | | |
| ⑩ | 基　本　金 | | | | | |
| ⑪ | 器具及び備品 | | | | | |
| ⑫ | 仮　払　金 | | | | | |
| ⑬ | 車輌運搬具 | | | | | |
| ⑭ | 貯　蔵　品 | | | | | |
| ⑮ | 長期運営資金借入金<br>（1年以内返済予定のものはありません） | | | | | |

**練習問題 ❷ 科目及びその残高からB／Sを作成する**

次の科目及びその残高からB／Sを完成させてください。なお、設備資金借入金で、1年以内に返済する予定のものはありません。

(単位：千円)

| | | | |
|---|---|---|---|
| 建物（基本財産） | 500 | 仮払金 | 5 |
| 現金預金 | 195 | 器具及び備品 | 250 |
| 短期運営資金借入金 | 400 | 土地（その他の固定資産） | 700 |
| 建物（その他の固定資産） | 150 | 立替金 | 5 |
| 事業未収金 | 160 | 事業未払金 | 50 |
| 貯蔵品 | 15 | 短期貸付金 | 20 |
| 土地（基本財産） | 2,000 | 設備資金借入金 | 1,000 |

**【解答欄】**

B／S

(単位：千円)

| 資産の部 | | 負債の部 | |
|---|---|---|---|
| 流動資産 | (　　　　) | 流動負債 | (　　　　) |
| (　　　　) | (　　　　) | (　　　　) | (　　　　) |
| (　　　　) | (　　　　) | (　　　　) | (　　　　) |
| (　　　　) | (　　　　) | 固定負債 | (　　　　) |
| (　　　　) | (　　　　) | (　　　　) | (　　　　) |
| (　　　　) | (　　　　) | | |
| (　　　　) | (　　　　) | 負　債　の　部　合　計 | (　　　　) |
| 固定資産 | (　　　　) | 純資産の部 | |
| 基本財産 | (　　　　) | | |
| (　　　　) | (　　　　) | 基本金 | (　　　　) |
| (　　　　) | (　　　　) | 国庫補助金等特別積立金 | 200 |
| その他の固定資産 | (　　　　) | 次期繰越活動増減差額 | 150 |
| (　　　　) | (　　　　) | | |
| (　　　　) | (　　　　) | | |
| (　　　　) | (　　　　) | 純　資　産　の　部　合　計 | (　　　　) |
| 資　産　の　部　合　計 | (　　　　) | 負債・純資産の部合計 | (　　　　) |

ヒント１．「負債・純資産の部合計」は「資産の部合計」と同じ金額になります。
ヒント２．「基本金」の金額は、「純資産の部合計」から逆算して求めます。

# ||||**2** Ｂ／Ｓの見方・考え方

## ⑴　Ｂ／Ｓ全体をどう見るか

「細部に目が届く」。それはステキなことです。しかし、全体観が必要です。では、Ｂ／Ｓ全体を見るにはどうしたら良いでしょうか。

Ｂ／Ｓ全体を見るということは、次のＢ／Ｓを見るということです。現実のＢ／Ｓは、科目も多く、細部に捉われていては全体をつかむことは困難です。そのために、「資産合計」、「負債合計」、「純資産合計」、を見るのです。

囲碁に、「観大局、着手小局」という言葉があるそうです。全体を見て、具体的な小さな実践から始めること。大切ですね。

| 資金調達財源を区分したＢ／Ｓ | |
|---|---|
| （借　方　＝　資金の運用） | （貸　方　＝　資金の調達） |
| 資　　　産 | 負　　　債 |
| | 純　資　産 |

何が分かるでしょうか。

１番目に、「資産合計」から、全体の大きさ、規模が分かります。随分と小ぶりな法人なのか、随分と大きな法人なのか、ということが分かります。しかし、大きいばかりが良いことではありません。理由は二つあります。

### 　大きいばかりが良いことではない理由　─その１─

資産効率の問題があります。同じ働きをしている二つの法人があったとして、一方の法人は大きな資産を使っており、他方の法人はより少ない資産で済ませているとしたら？　そうですね。同じ働きをしているなら、少ない資産である法人の方が資産効率が良いということになります。しかし、このことはＢ／Ｓだけの情報では、よく分からないことです。

詳しくは、Ⅴの「財務諸表の分析」で学びます。

### 　大きいばかりが良いことではない理由　─その２─

見かけの資産が大きくても、正味の資産はどうでしょうか。多額の借入金が残っていると、資金繰りも大変ですね。そう、「純資産」が、資産全体に対してどの程度あるのか。それを見ることが大切ですし、それは、Ｂ／Ｓの貸方を見れば分かります。

だから、二番目に見るのは、「純資産合計」ということになります。資産総額よりも、むしろ資産の実体は「純資産」にありますから、ここが最も注目されるべきでしょう。

資産合計に対して、純資産の割合がどの程度あるのかが、大切です。

　全ての「資産」と全ての「負債」、その差額が「純資産」、という観点からB／Sを見ると、次のように図示することができます。

「純資産を見る目」と考えてください。

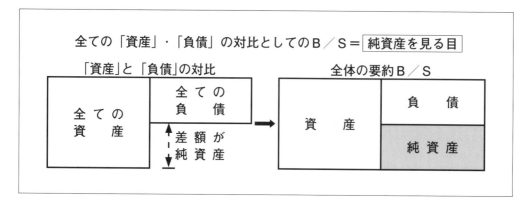

## (2)　B／Sを上と下に分けて見る

　次は、B／Sを上下に分けて見ます。B／Sを上下に分けると、上半分が「流動資産」対「流動負債」で、下半分が「固定資産」対「固定負債・純資産」で、また違ったものが見えてきます。

資産、負債ともに、「流動」と「固定」でどう違うのか、再確認しておきましょう。

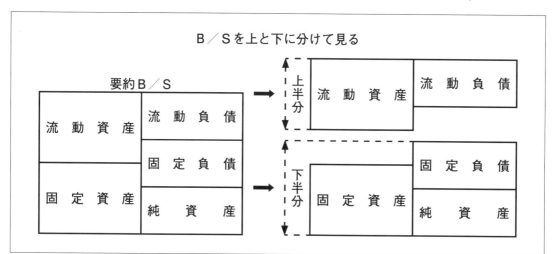

　では、上半分をどう見るのでしょうか。上半分は、短期的な支払手段となるもの《流動資産》と、短期的に支払う必要があるもの《流動負債》の対比なので、「流動資産－流動負債」は、その法人の支払能力を示しています。会計基準では、この「流動資産－流動負債」から更に引当金等一定のものを除いたものを「支払資金残高」と呼んでいます。

　「支払資金残高」は、その法人の短期的な支払能力を表すものなので、これが「マイナス」になるようでは、法人の資金繰りは火の車、ということになります。B／Sの上半分を見るポイントを示すと、次頁のようになります。

支払資金の範囲から除かれるものは、次の三つです。
①引当金
②1年基準によって固定から流動に振り替えられた資産・負債
③貯蔵品以外のたな卸資産

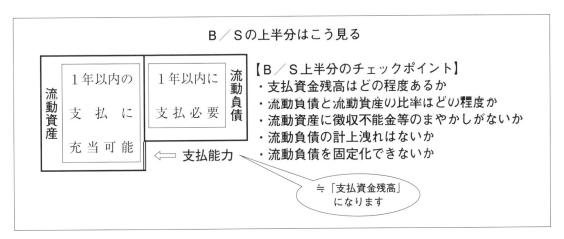

B／Sの上半分はこう見る

【B／S上半分のチェックポイント】
・支払資金残高はどの程度あるか
・流動負債と流動資産の比率はどの程度か
・流動資産に徴収不能金等のまやかしがないか
・流動負債の計上漏れはないか
・流動負債を固定化できないか

なお、「流動資産」と「流動負債」の対比として、B／Sの上半分を見ると、次のように図示することができます。

「支払資金を見る目」と考えてください。

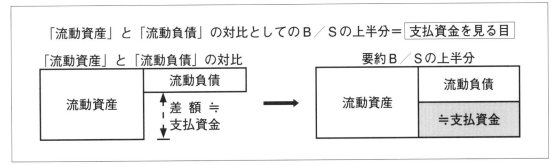

「流動資産」と「流動負債」の対比としてのB／Sの上半分＝支払資金を見る目

前頁の「純資産を見る目」と、上に示した「支払資金を見る目」は、二つのフローの計算書を理解するうえでとても大切なことです。

さて、では下半分は何を示しているのでしょうか。B／Sは借方・貸方がバランスしているので、下半分はちょうど上半分の鏡のようなものです。

しかし、下半分は上半分と中身が違い、固定的に運用されている資産、つまり固定資産と、その資金がどのように調達されているのかを示しています。下の図を見てください。

二つのフローの計算書とは、資金収支計算書とP／L（事業活動計算書）の二つです。

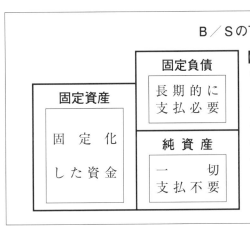

B／Sの下半分はこう見る

【B／S下半分のチェックポイント】
・固定資産は、（固定負債＋純資産）の範囲におさまっているか
・純資産は十分に大きいか
・固定資産に資産としての値打ちはあるか
・固定資産を流動化できないか
・長期的に固定負債をどう減らすか

# ‖‖‖3 会計はダムである

## ⑴ ダムの水の出入り勘定

　上流から流れてくる水をせき止めて水を蓄える。これがダムですね。さて、ある日のある時、ダムには一定の水が溜まっています（これがスタート時点、法人でいうと「期首」です）。その後、ダムには上流から水が流入してきます。そして、渇水期や増水期には、ダムの水を放流します。そうすると、ダムの水は増えたり減ったりします。

　さて、一定期間経過後（法人でいうと「期末」です）のダムの貯水量を量ります。そして、スタート時点（期首）の貯水量と一定期間経過後（期末）の貯水量とを比較すると、その一定期間においてダムの貯水量がいくら増減したかが計算できます。しかし、増減の原因については、この期首・期末の比較だけでは何も分かりません。

　その期間に、どれだけの水が流入したのか、そして、どれだけの水量を放流したのか、その結果として増減した量が説明されると、そのダムの果たしている役割が良く分かります。

「期首」は決算期開始の時、「期末」は決算期終了の時です。
決算書には、「××01年3月31日現在」のように書いていますが「31日」の何時何分のことでしょうか？
それは「3月31日」の夜、日付が変わる真夜中12時ジャストです。したがって「前期末」＝「当期首」になります。

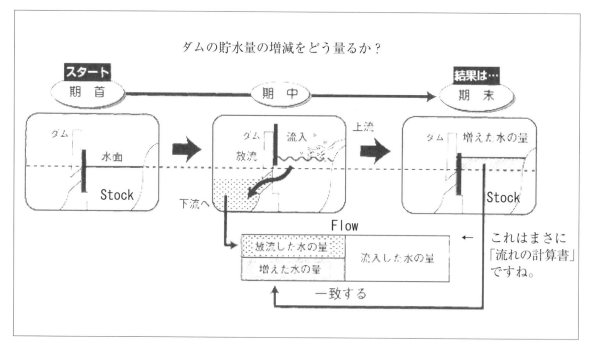

　一定期間にダムに流入した水の量と放流した水の量の差だけが増えているはずです。その増えた水の量は、一定期間のスタート時点にあった貯水量と、一定期間経過後の貯水量の差と同量のはずです。

　このように、「流入した水の量－放流した水の量＝増えた水の量」という計算を示しているのがフローの計算書です。

Flow＝流れ

## ⑵　B／Sと「フローの計算書」の関係

　B／Sは、一定時点のストック（Stock＝貯まったもの）を示します。このB／Sの純資産に注目して、期首の純資産額と期末の純資産額との差額から、その期間の純資産増減額が計算されます。しかし、増減の原因・内容は分かりません。

　純資産増減は、法人の生死に係る重大事です。増減結果が分かるだけでなく、その原因・内容を詳しく知る必要があります。そのために作成されるのが**事業活動計算書**なのです。図示すると、次のようになります。

この頁の図は、前頁のダムの図とウリ二つです。B／Sは、ちょうど、ある日ある時のダムの貯水量を示している前頁のダムの絵と同じようなものと考えることができますね。

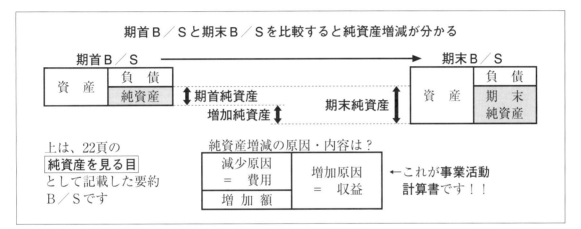

ところで社会福祉法人の場合、純資産以外にもその増減原因・内容を明確にしておくべき事柄があります。それは**支払資金**です。この支払資金の一定期間における増減原因・内容を記載したものが**資金収支計算書**です。

　支払資金残高は、「流動資産－流動負債」ですから、注目すべきはB／Sの上半分です。そこで、B／Sの上半分と**資金収支計算書**の関係を図示すると、次のようになります。

会計上の一定期間を「会計期間」といいます。

左では引当金や1年以内返済の長期借入金等を無視して書いています。

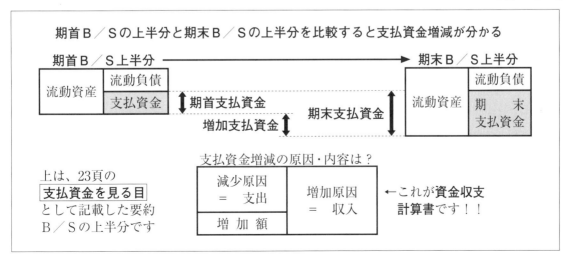

以上のように、二つの「フローの計算書」は、ともに増加（収入・収益）と減少（支出・費用）を計算するのですが、増減計算の対象が異なります。「**資金収支計算書**」は、**支払資金の増減（収入・支出）を計算**し、「**事業活動計算書**」は、**純資産の増減（収益・費用）の計算**をするのです。

　一般企業では、事業活動に伴う純資産増減を「損益」と呼んでおり、『事業活動計算書』は「損益」を計算するので損益計算書と呼んでいます。そして、損益計算書を「Profit ＆ Loss Statement」というので、略してP／Lともいいます。このテキストでも、以下では『**事業活動計算書**』をP／Lと記載します。

　ここで、B／Sと二つのフローの計算書の要点を整理すると、次のようになります。

支払資金の増加・減少を「収入」・「支出」といい、純資産の増加・減少を「収益」・「費用」といいます。

### ■B／Sと二つの「フローの計算書」

| 貸借対照表（B／S） | 一定時点における**ストック**（残高）を示し、すべての資産と負債を対照させて、「**資産ー負債**」の差額としての、「**純資産**」を示したもの | |
|---|---|---|
| 資 金 収 支 計 算 書 | 一定期間の**フロー**を示すもの | **支払資金**（おおむね、「流動資産ー流動負債」）が、どのような原因で**増減**したかを示したもの |
| 事 業 活 動 計 算 書（P／L） | | **純資産**が、どのような原因で**増減**したかを示したもの |

### ⑶ 具体的な「取引例」で見てみよう!!

　B／Sと二つの「フローの計算書」の関係を、以下の「取引例」で理解しましょう。

**【スタート時のB／S】**

| 流動資産 1500 | 流動負債 1000 |
|---|---|
| | 固定負債 3000 |
| 固定資産 3500 | 純 資 産 1000 |

左のB／Sからスタートして、期中に、下の取引がありました。

なお、**スタート時の「支払資金」**は、次のとおりです。

```
　　流動資産　1500
－）流動負債　1000
　　支払資金　 500
```

**【期中の取引】**

| | | |
|---|---|---|
| 【取引1】介 護 報 酬 500 の発生 | （流動資産の増加） | 流動資産 ＋ 500 |
| 【取引2】職 員 給 料 200 の支給 | （流動資産の減少） | 流動資産 △ 200 |
| 【取引3】食材の掛買い《給食費》100 | （流動負債の増加） | 流動負債 ＋ 100 |
| 【取引4】乗用車100の現金購入（流動資産の減少・固定資産の増加） | | 流動資産 △ 100 |
| | | 固定資産 ＋ 100 |

【取引後のB／S】

| 流動資産 1700 | 流動負債 1100 |
|---|---|
| | 固定負債 3000 |
| 固定資産 3600 | 純資産 1200 |

取引後のB／Sは、左のとおりとなりました。

**取引後の「支払資金」は、次のとおりです。**

```
流動資産   1700
－）流動負債  1100
支払資金    600
```

　取引後のB／Sは、上のとおりです。スタート時のB／Sと取引後のB／Sを比較すると、「**純資産**」は「**200**（＝1200－1000）」増加したが、「**支払資金**」は「**100**（＝600－500）」しか増加していないことが分かります。では、なぜそうなったのでしょうか。

　その原因は、B／Sを比較するだけでは分かりません。そこで、「純資産の増減」内容と「支払資金の増減」内容がわかるように整理すると、次のようになります。

| 取　引 | 純資産の増減 | 支払資金の増減 |
|---|---|---|
| 【取引1】介護報酬 500 の発生 | ＋ 500 | ＋ 500 |
| 【取引2】職員給料 200 の発生 | △ 200 | △ 200 |
| 【取引3】食材の掛買い《給食費》100 | △ 100 | △ 100 |
| 【取引4】乗用車 100 の現金購入 | ── | △ 100 |
| 「純資産」・「支払資金」の増減差額 | ＋ 200 | ＋ 100 |

① 「純資産の増減」内容と「事業活動計算書」（P／L）

　上の取引の**純資産の増減**のうち、増加（＋）を収益とし、減少（△）を費用として「フローの計算書」を作成すると、P／Lが作成されます。このように、その年度の社会福祉法人の事業活動によって、どのように純資産が増減したか（社会福祉法人の事業活動の成果）を明らかにするためにP／Lが作成されるのです。また、P／Lの当期の「純資産の増減差額」を「**当期活動増減差額**」と呼んでいます。

　さて、取引1から取引4までのP／Lと、『スタート時のB／S』及び『取引後のB／S』の関係を示すと、次頁の図表のようになります。

　B／Sから見た「**増加純資産額 200**」とP／Lの「**当期活動増減差額 200**」とが、一致していることがわかります。

B／Sから見た「**増加純資産額200**」は、【スタート時のB／S】と【取引後のB／S】との純資産の差額です。

◆B／Sから見た「純資産」の増減

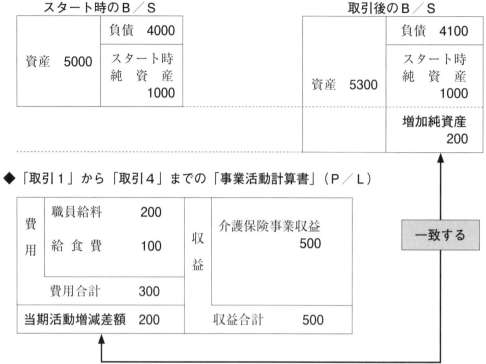

| スタート時のB／S | |
| --- | --- |
| 資産　5000 | 負債　4000 |
| | スタート時<br>純　資　産<br>1000 |

| 取引後のB／S | |
| --- | --- |
| 資産　5300 | 負債　4100 |
| | スタート時<br>純　資　産<br>1000 |
| | 増加純資産<br>200 |

◆「取引1」から「取引4」までの「事業活動計算書」（P／L）

| 費用 | 職員給料　200 | 収益 | 介護保険事業収益<br>500 |
| --- | --- | --- | --- |
| | 給　食　費　100 | | |
| | 費用合計　300 | | |
| 当期活動増減差額　200 | | 収益合計　500 | |

一致する

② 「支払資金の増減」内容と「資金収支計算書」

　前頁の取引の**支払資金の増減**のうち、増加（＋）を収入とし、減少（△）を支出として「フローの計算書」を作成すると、**資金収支計算書**が作成されます。資金収支計算書は、その年度の社会福祉法人の支払資金の収入と支出の内容を明らかにするために作成されます。また、資金収支計算書の当期の「支払資金の増減差額」を「**当期資金収支差額**」といいます。

　**取引1から取引4までの資金収支計算書**と、**スタート時のB／Sの上半分**及び**取引後のB／Sの上半分**の関係を示すと、次頁の図表のようになります。

　B／Sの上半分から見た「**増加支払資金　100**」と資金収支計算書の「**当期資金収支差額　100**」とが、一致していることがわかります。

　さて、この頁の上の図と、次頁の上の図を比べて見てください。ソックリなんだけど、何が違うのでしょうか？

　この頁の上の図は、**B／S全体とP／Lが対応**していることを示しています。そして、次頁の上の図は、**B／Sの上半分と資金収支計算書が対応**していることを示しています。

◆B／Sの上半分から見た「支払資金」の増減

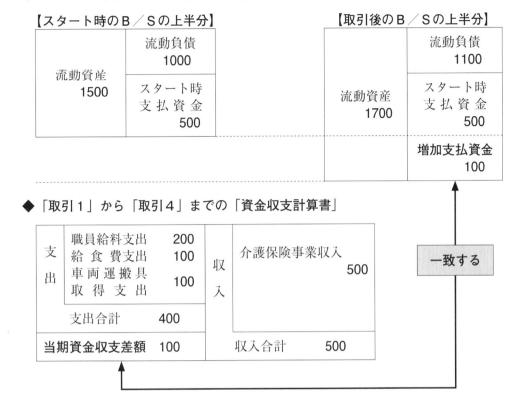

【スタート時のB／Sの上半分】

| 流動資産 1500 | 流動負債 1000 |
| | スタート時 支払資金 500 |

【取引後のB／Sの上半分】

| 流動資産 1700 | 流動負債 1100 |
| | スタート時 支払資金 500 |
| | 増加支払資金 100 |

◆「取引1」から「取引4」までの「資金収支計算書」

| 支出 | 職員給料支出 | 200 | 収入 | 介護保険事業収入 | 500 |
| | 給食費支出 | 100 | | | |
| | 車両運搬具取得支出 | 100 | | | |
| | 支出合計 | 400 | | | |
| 当期資金収支差額 | | 100 | | 収入合計 | 500 |

一致する

　P／Lと資金収支計算書は、どちらも**フローの計算書**であり、計算の構造も同じです。ただ、**増減計算を行う対象**が、「**純資産**」であるのか「**支払資金**」であるのか、という点だけが異なっていることを再確認しておいてください。

B／SとP／L及び**資金収支計算書**の三つを、まとめて『計算書類』と総称しています。

B／Sは「貸借対照表」の略称として、またP／Lは、「損益計算書」の略称として一般的に定着しています。

　このテキストでは、これら『計算書類』のうち、次の二つを図表等で表示する場合には、次の略称で記載します。

| （正式の呼称） | | （本書での略称） |
| --- | --- | --- |
| **貸借対照表** | ➡ | **B／S** |
| **事業活動計算書** | ➡ | **P／L** |
| ＊**資金収支計算書** | ➡ | 略称は使いません。 |

　資金収支計算書についてもC／Fとの略称を使いたいのですが、企業会計ではC／Fは「キャッシュ・フロー計算書」の略称として定着しており、しかも「キャッシュ・フロー計算書」は社会福祉法人の「資金収支計算書」とは全く別のものなので、このテキストではC／Fを使用しないこととしています。

事業活動計算書は一般企業会計の損益計算書にほぼ相当します。

**練習問題 ③** 基礎演習

××01年3月31日に、次のような状態で設立された社会福祉法人があります。

### 設立時貸借対照表（B／S）

| 現　　金　　預　　金 | 基　　　本　　　金 |
|---|---|
| 1,000万円 | 1,000万円 |

**設問1** この法人は、無償貸与されている施設で事業を行っています。

この法人の××01年4月1日から××02年3月31日間の取引は、次のとおりでした。

| 収益（収入） | 事業報酬 | 1,200万円 | 取引はすべて現金預金で行われています。 |
|---|---|---|---|
| 費用（支出） | 事業費等 | 1,000万円 | |

以上をもとに、××02年3月31日現在の**フローの計算書**と**B／S**を作成してください。なお、記入すべき数値がマイナスになる場合は、数値の頭部に△を記入してください。

(注)　以下のフローの計算書は、「当期活動増減（資金収支）差額」までを記入する形式になっており、「次期繰越活動増減差額」までは記載しません。したがって、××03年3月期以降の「当期活動増減差額」とB／Sの「次期繰越活動増減差額」とは一致しないことに注意してください。

**【解答欄】**　　　　　　　　　　　　　　　　　　　　　　　　（単位は万円。以下同じです。）

フローの計算書
××01年4月1日〜××02年3月31日

| 事業費(支出)等<br>（　　　　） | 事業収益(収入)<br>（　　　　） |
|---|---|
| 当期活動増減<br>(資金収支)差額<br>（　　　　） | |

B／S
××02年3月31日現在

| 現　金　預　金<br>（　　　　） | 基　　本　　金<br>（　　　　） |
|---|---|
| | 次　期　繰　越<br>活動増減差額<br>（　　　　） |

**設問2** この法人の××02年4月1日から××03年3月31日間の取引は、次のとおりでした。

| 収益（収入） | 事業報酬 | 1,200万円 | ただし、事業報酬のうち利用者負担金100万円は未収となって、××03年4月に回収される予定です。それ以外の取引は、すべて現金預金で行われています。 |
|---|---|---|---|
| 費用（支出） | 事業費等 | 1,000万円 | |

以上をもとに、××03年3月31日現在の**フローの計算書**と**B／S**を作成してください。

**【解答欄】**

フローの計算書
××02年4月1日〜××03年3月31日

| 事業費(支出)等<br>（　　　　） | 事業収益(収入)<br>（　　　　） |
|---|---|
| 当期活動増減<br>(資金収支)差額<br>（　　　　） | |

B／S
××03年3月31日現在

| 現　金　預　金<br>（　　　　） | 基　　本　　金<br>（　　　　） |
|---|---|
| 事　業　未　収　金<br>（　　　　） | 次　期　繰　越<br>活動増減差額<br>（　　　　） |

**設問3** この法人の××03年4月1日から××04年3月31日間の取引は、次のとおりでした。

| 収益（収入） | 事業報酬 | 1,200万円 | 昨年に未収となっていた100万円は、すべて回収されました。また、取引はすべて現金預金で行われています。 |
|---|---|---|---|
| 費用（支出） | 事業費等 | 1,000万円 | |

以上をもとに、××04年3月31日現在の**フローの計算書**と**B／S**を作成してください。

【解答欄】

フローの計算書
××03年4月1日〜××04年3月31日

| 事業費（支出）等<br>（　　　） | 事業収益（収入）<br>（　　　） |
|---|---|
| 当期活動増減<br>（資金収支）差額<br>（　　　） | |

B／S
××04年3月31日現在

| 現　金　預　金<br>（　　　） | 基　本　金<br>（　　　） |
|---|---|
| | 次　期　繰　越<br>活動増減差額<br>（　　　） |

**設問4** この法人の××04年4月1日から××05年3月31日間の取引は、次のとおりでした。

| 収益（収入）等 | 事業報酬 | 1,200万円 |
|---|---|---|
| 費用（支出）等 | 事業費（支出）等 | 1,000万円 |
| | 積立預金積立 | 500万円 |

手元預金が増えてきたので、将来の建物取得を考えて長期的な積立預金をしました。なお、積立金は積み立てていません。
また、取引はすべて現金預金で行われています。

以上をもとに、××05年3月31日現在の**フローの計算書**と**B／S**を作成してください。

【解答欄】

**資金**収支計算書
××04年4月1日〜××05年3月31日

| 事業費支出等<br>（　　　） | 事業　収　入<br>（　　　） |
|---|---|
| 積立資産支出<br>（　　　） | |
| 当　期　資　金<br>収　支　差　額<br>（　　　） | |

**事業**活動計算書
××04年4月1日〜××05年3月31日

| 事　業　費　等<br>（　　　） | 事業　収　益<br>（　　　） |
|---|---|
| 当　期　活　動<br>増　減　差　額<br>（　　　） | |

B／S
××05年3月31日現在

| 現　金　預　金<br>（　　　） | 基　本　金<br>（　　　） |
|---|---|
| | 次　期　繰　越<br>活動増減差額<br>（　　　） |
| 積　立　資　産<br>（　　　） | |

**設問5** この法人の××05年4月1日から××06年3月31日間の取引は、次のとおりでした。

| 収益（収入）等 | 事　業　報　酬 | 1,200万円 |
|---|---|---|
| | 施設整備寄附金 | 500万円 |
| | 積立預金取崩 | 500万円 |
| 費用（支出）等 | 事業費等 | 1,000万円 |
| | 建物取得 | 1,000万円 |

期末の3月末日に建物を取得し、翌4月から事業に供することとしました（減価償却は行いません）。
これに伴い、施設整備の寄附を募り、500万円の寄附を受けるとともに、積立預金を取り崩しました。
また、取引はすべて現金預金で行われています。

以上をもとに、××06年3月31日現在の**フローの計算書**と**B／S**を作成してください。

【解答欄】

**資金**収支計算書
××05年4月1日〜××06年3月31日

| 事業費支出等<br>（　　　） | 事業　収　入<br>（　　　） |
|---|---|
| 建物取得支出<br>（　　　） | 施設整備等<br>寄附金収入<br>（　　　） |
| 当　期　資　金<br>収　支　差　額<br>（　　　） | 積立資産<br>取崩収入<br>（　　　） |

**事業**活動計算書
××05年4月1日〜××06年3月31日

| 事　業　費　等<br>（　　　） | 事業　収　益<br>（　　　） |
|---|---|
| 基本金組入額<br>（　　　） | 施設整備等<br>寄附金収益<br>（　　　） |
| 当　期　活　動<br>増　減　差　額<br>（　　　） | |

B／S
××06年3月31日現在

| 現　金　預　金<br>（　　　） | 基　本　金<br>（　　　） |
|---|---|
| | 次　期　繰　越<br>活動増減差額<br>（　　　） |
| 建　　　物<br>（　　　） | |

# 4 資金収支計算書の見方

## (1) 資金収支計算書とB／Sの関係

　B／Sは、一定時点における全ての「資産」と全ての「負債及び純資産」を対照した表です。そして、B／Sに計上されている「流動資産」と「流動負債」（引当金等は除きます）の差額が、支払資金残高です。だから、B／Sを見れば、純資産の残高も支払資金の残高も分かります。その結果、その事業年度の期首と期末のB／Sを比較すると、その年度の支払資金や純資産が、いくら増減したかを計算することもできます。

　しかし、B／Sの支払資金残高を比較するだけでは、増減差額は分かっても、支払資金がどのような要因で増加あるいは減少したのか、その原因を確認することはできません。そこで、この原因を明らかにするために作成されるのが、**資金収支計算書**です。

　「流動資産」と「流動負債」との差額が「支払資金残高」ですから、**B／Sの上半分と資金収支計算書が対応関係にある**ことがわかります。そこで、この関係を示すと、下の図のようになります。

支払資金にならない流動資産・負債がありますが、ここでは無視しています。

### 資金収支計算書　と　B／Sの上半分　との関係

*期末B／S（上半分）の当期資金収支差額と、資金収支計算書の当期資金収支差額とは、一致します。

　上の関係図と、25頁の下の図とを見比べてみてください。

## (2)　資金収支計算書の構造と見方

　資金収支計算書は、資金収支の内容を次の三つに区分して計算・表示することになりました。これが、資金収支計算書の構造です。

①　事業活動による資金収支

　　実施事業に伴う収支（介護保険事業、保育事業などの収入や人件費・事業費・事務費などの支出）及び、その他の経常的な収支。

②　施設整備等による資金収支

　　施設整備に伴う収支（補助金・寄附金・設備資金の借入などの収入や固定資産取得・設備資金借入金償還などの支出）。

③　その他の活動による資金収支

　　積立資産の収入や支出。有価証券の売却や取得などの収支。

> 「事業活動による資金収支」には、本来の事業目的に関連しないものであっても経常的に発生する受取利息や支払利息等の収支も含まれています。

### 資金収支計算書の構造
＝ 支払資金の増減の状況を明らかにする ＝

| 第1号第1様式 | 支出 | 事業活動による支出 | 事業活動による収入 | 収入 |
| | | 施設整備等による支出 | 施設整備等による収入 | |
| | | その他の活動による支出 | その他の活動による収入 | |
| | 当期資金収支差額 | | | |

分解すると…

| 事業活動による収支 | (2)　事業活動による支出 | (1)　事業活動による収入 |
| | (3)　事業活動資金収支差額　→ | |
| 施設整備等による収支 | (5)　施設整備等による支出 | (4)　施設整備等による収入 |
| | (6)　施設整備等資金収支差額　→ | |
| その他の活動による収支 | (8)　その他の活動による支出 | (7)　その他の活動による収入 |
| | (9)　その他の活動資金収支差額　→ | |
| 予備費支出 | (10)　予備費支出 | ←決算では出てこない。 |
| | (11)　当期資金収支差額合計＝(3)＋(6)＋(9)－(10) | |
| 当期末支払資金残高の計算 | 当期末支払資金残高(11)＋(12) | (11)　当期資金収支差額合計 |
| | | (12)　前期末支払資金残高 |

　「事業活動による収支」には経常的な資金収支の状況が示されます。経常的に資金が減少しているようであれば、法人の活動を基本的に再検討する必要があるでしょう。また、社会福祉法人の施設整備に係る資金収支状況は、「施設整備等による収支」に示されます。

　以上の「事業活動による収支」と「施設整備等による収支」とに対して、「その他の活動による収支」では、それら以外の、主として長期的な資金の調達・運用を示しています。

# ⑤ Ｐ／Ｌ（事業活動計算書）の見方

## ⑴ Ｐ／ＬとＢ／Ｓの関係

　「純資産」の増減差額は、期首と期末のＢ／Ｓの純資産（＝総資産－総負債）を対比することによって計算することができます。しかし、それだけではその事業年度の「純資産」がどのような原因によって増減したのかについて、その内容を把握することはできません。そこで、その事業年度の「純資産」の増加額又は減少額の発生原因を明確に把握するための表として作成されるのが、Ｐ／Ｌです。

　**資金収支計算書は、Ｂ／Ｓの上半分と対応関係にあることを見てきましたが、Ｐ／Ｌは、Ｂ／Ｓの全体と対応関係にある**ことがわかります。

　Ｐ／ＬとＢ／Ｓの関係を示すと、下の図のようになります。なお、その事業年度の「純資産」の増加額又は減少額を「当期活動増減差額」といいます。

### Ｐ／ＬとＢ／Ｓとの関係

＊期末Ｂ／Ｓ（全体）の純資産の当期活動増減差額と、Ｐ／Ｌの「当期活動増減差額」とは、一致します。

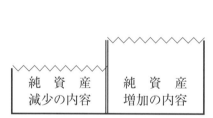

## ⑵ Ｐ／Ｌの構造と見方

　資金収支計算書と同じように、純資産増減の内容を明確に把握できるように、Ｐ／Ｌも次のように区分して計算・表示することとされています。これが、Ｐ／Ｌの構造です。

① **サービス活動増減**

　社会福祉法人本来のサービス活動によって生じる収益と費用（介護保険事業収益などの収益や人件費・事業費・事務費などの費用）。

② **サービス活動外増減**

　主に預金利息や借入金利息の受払など。

③ **特別増減**

　施設整備に係る寄附金や国庫補助金等の収益や固定資産売却損益等。

　以上①から③までの増減差額の結果が「当期活動増減差額」です。そして、P／Lの本質としては、ここで終わりなのですが、社会福祉法人会計のP／L（事業活動計算書）は、さらに次の区分を設けています。

④ **繰越活動増減差額**

　当期活動増減差額に、前期繰越活動増減差額を加算した上で、その他の積立金の積立額や取崩額を加減算して期末の次期繰越活動増減差額を表示。

　以上のP／Lの構造を図示すると、次のようになります。

> 左の①・②を合わせた増減差額を「経常増減差額」といいます。

> 純資産内部での振替えなどが記載されているのだと理解してください。

## P／L（事業活動計算書）の構造
＝純資産の増減内容を明らかにする＝

「サービス活動増減の部」の「サービス活動収益」は、社会福祉法人本来の事業活動によって生じる収益を示しており、その多寡は、その社会福祉法人の事業活動の大きさを表すと考えられます。この「サービス活動収益」に対して、事業活動に伴う人件費・事業費・事務費などによる純資産の減少、つまり、費用を対応させたものが「サービス活動費用」です。

このように「サービス活動増減の部」は、社会福祉法人の本来事業に係る増減を示しています。その結果の「サービス活動増減差額」がマイナスであれば、本来事業で損失を生じていることを意味しています。

一方、経常的に発生するものであっても、本来の事業目的に関連しない純資産の増減は、「サービス活動外増減の部」に記載されます。この「サービス活動外増減の部」には、主に預金利息や借入金利息の受払などの経常的に発生する項目が記載されます。その増減結果が「サービス活動外増減差額」です。

以上の「サービス活動増減差額」と、「サービス活動外増減差額」とをあわせた純資産の増減額が、「経常増減差額」です。「サービス活動増減差額」がプラスであっても、借入金が多額であるような法人では、金利負担が重くのし掛かり、「サービス活動外増減差額」がマイナスとなって、「経常増減差額」が圧迫されることになります。他方、「サービス活動増減差額」がマイナスであっても、多額の定期預金等を有し、受取利息等が多額にある法人の場合は、「サービス活動外増減」がプラスとなって、「経常増減差額」がプラスに転じる場合もあります。

経常増減差額に余剰が生じている場合は、将来において、施設の整備や建替資金の備蓄が可能です。他方、「経常増減差額」のマイナスが継続する場合、慢性的な資金不足や施設建替資金の枯渇を招き、更には、法人の破綻にいたります。このように、「経常増減差額」は、その法人の経常的な純資産の増加能力（あるいは減少能力）を示すものとして、重要な意味を持っています。

また、法人の経営目的に関連しない純資産の増減であって、経常的には発生しないものについては、「特別増減の部」に記載され、その増減結果が「特別増減差額」です。「経常増減差額」に、「特別増減差額」を加減算した結果が、「当期活動増減差額」です。このようにして、「当期活動増減差額」は、社会福祉法人の当該事業年度の全ての収益と、全ての費用との差額（純資産の純増減額）を示しています。

もっとも、左は、計算書類から読み取ることのできる範囲では、との限定付きです。

一般企業の「P／L」では、営業損益と営業外損益が「経常損益の部」で表示されていて、これを略して「経常（ケイツネ）」と称しています。

例えば、火災による損失など臨時的なものの他、施設整備等に係る純資産の増減があります。

**練習問題 ④ 期首のB／Sと期中取引から期末の計算書類を作成する**

次の期首B／S及び期中取引から、期末要約B／S及び当期のP／L並びに資金収支計算書を作成してください。

**1．期首B／S**

| 資　産 | 流動資産 | 1,500 | 負　債 | 流動負債 | 1,000 |
|---|---|---|---|---|---|
| | | | | 固定負債 | 3,000 |
| | 固定資産 | 3,500 | | 負債合計 | 4,000 |
| | | | | 純資産 | 1,000 |
| 資産合計 | | 5,000 | 負債・純資産合計 | | 5,000 |

支払資金残高＝500（流動資産1500－流動負債1000）

**2．期中取引**（取引を見ながら、下の表の右の空欄に増減金額を書いてください。なお、増加金額の頭部には"＋"を、減少金額の頭部には"△"を付してください。）

| 取　　　引 | B／Sの資産・負債は(A) | | | | P／L(B) | 資金収支(C) |
|---|---|---|---|---|---|---|
| | 資産 | | 負債 | | 純資産増減 | 支払資金増減 |
| | 流動資産 | 固定資産 | 流動負債 | 固定負債 | | |
| ① 発生した介護報酬500を未収に計上した。 | | | | | | |
| ② 職員給料200を現金で支払った。 | | | | | | |
| ③ 食材100を掛買いし未払を計上した。 | | | | | | |
| ④ 乗用車100を現金で購入した。 | | | | | | |
| ⑤ 経常経費に対する寄附80を受けた。 | | | | | | |
| ⑥ 設備資金200を借り入れた。 | | | | | | |
| ⑦ 備品30が壊れたので廃棄した。 | | | | | | |
| それぞれの増減合計 | | | | | | |

**【解答欄】**

**1．期末B／S**（空欄に金額を記入してください）

| 資　産 | 流動資産 | | 負　債 | 流動負債 | |
|---|---|---|---|---|---|
| | | | | 固定負債 | |
| | 固定資産 | | | 負債合計 | |
| | | | | 純資産 | |
| 資産合計 | | | 負債・純資産合計 | | |

支払資金残高＝□□□（流動資産□□□ － 流動負債□□□）

**2．フローの計算書**（空欄に金額を記入してください）

| | 摘　要 | P／L | 資金収支計算書 |
|---|---|---|---|
| ① | 介護保険事業収益(収　入) | | |
| ⑤ | 経常経費寄附金収益(収　入) | | |
| ⑥ | 設備資金借入金収入 | | |
| | 収益・収入合計 | | |
| ② | 職員給料(支出) | | |
| ③ | 給食費(支出) | | |
| ④ | 固定資産取得支出 | | |
| ⑦ | 固定資産売却損・処分損 | | |
| | 費用・支出合計 | | |
| | 当期活動増減（資金収支）差額 | | |

# 6　二つのフローの計算書・同じところと違うところ

　資金収支計算書は、「流動資産」と「流動負債」の差額である「支払資金」の増減の状況を明らかにする表です。一方、P／Lは、全ての「資産」と全ての「負債」の差額である「純資産」の増減内容を明らかにする表です。どちらも、「フローの計算書」ですが、増減計算の対象が全く違うので、その内容も異なります。では、何が同じで、何が違うのでしょうか。

ここは、復習です。もう一度、二つの「フローの計算書」の違いに触れておきます。

## ⑴　資金収支計算書とP／Lの同じところ

　社会福祉法人本来の事業活動によって生じる収益（収入）と、人件費や事業費、事務費などの事業活動に伴い発生するほとんどの費用（支出）は、「支払資金」を増減させるとともに、「純資産」をも増減させます。したがって、これらの取引は、『資金収支計算書』とP／Lの両者に、記載されることになります。このように日常の事業活動から生じる収益（収入）や費用（支出）は、二つのフローの計算書に共通する項目です。

　また、本来の社会福祉事業以外の、借入金利息補助金や受取利息配当金あるいは借入金利息といった金利や金融に関係する経常的に発生する収益（収入）や費用（支出）なども、「支払資金」を増減させるとともに、「純資産」を増減させます。したがって、これらの取引も、『資金収支計算書』とP／Lの両者に記載されることになります。

このように見てくると、日常の事業に絡んで出てくる取引は、損益も資金収支も、同じものであることがわかります。

## ⑵　資金収支計算書とP／Lの違うところ

### ①　資金収支計算書に計上され、P／Lには計上されない項目

　固定資産、例えば車輌を買った場合、手元のお金が出て行くので支払資金が減少し、資金収支計算書に車輌運搬具取得支出として計上されることになります。他方、支払資金は減少しますが、出て行ったお金の代わりに固定資産として車輌という資産が増えるので、純資産の額は変動しません。つまり、P／Lには計上されません。

　このように固定資産を取得した場合、「支払資金」が減少するので、「資金収支計算書」には支出として計上されますが、「純資産」の増減には関係しないので、P／Lには計上されないのです。

　特定預金の積立や5年定期などの定期預金を組んだ場合、長期保有目

的の国債を購入した場合なども、固定資産の取得です。支払資金は減少しますが、資産全体で考えると、資産の種類が変わっただけで純資産は変動しません。

特定預金や定期預金を解約した場合は、上の逆取引と考えることができます。支払資金は増加し、資金収支計算書に収入として計上されますが、資産自体は固定資産が流動資産に振り替わっただけで、純資産は増減しないので、P／Lには計上されないことになります。

また、銀行から長期の借入れをした場合、支払資金は増加し、資金収支計算書に借入金収入が計上されますが、純資産は増減せず、P／Lには計上されません。長期の借入金を返済した場合も同様です。

② 　P／Lに計上され、資金収支計算書には計上されない項目

支払資金の増減に関係しない取引であって、純資産が増減する取引があります。その代表的なものが、減価償却費です。また、引当金の繰入や戻入もそうです。これらの取引は、資金収支計算書には計上されず、P／Lだけに計上されることになります。むしろ、このような支払資金の増減に関係しない取引でありながら、純資産を増減させる取引を処理するために、P／Lが必要とされるのだという理解が正しいと思われます。

社会福祉の世界は、平成12年以降、措置制度から契約制度に移行しました。その結果、社会福祉法人は、契約制度下における経営体として競争市場の中で自立することが要請されるようになったのです。

長期的に経営体として維持存続できるか否かは、全ての資産と全ての負債との差額である純資産が維持できるか否かにかかっています。この純資産の増減を管理するために作成される計算書がP／Lであり、ここにP／Lの存在意義があります。

左の事情から月次の管理は、「資金収支計算書」で管理すればよいでしょう。

## 練習問題 ⑤ フローの計算書を作成する

次の1年間の取引を元に、資金収支計算書とP／Lを作成してください。

| | | | | |
|---|---|---|---|---|
| 介 護 保 険 事 業 収 益（収入） | 1,200 | 施 設 整 備 等 補 助 金 収 益（収入） | 500 |
| 人 　 件 　 費（支出） | 200 | 施 設 整 備 等 寄 附 金 収 益（収入） | 150 |
| 事 　 業 　 費（支出） | 300 | 車 輌 運 搬 具 売 却 額 | 30 |
| 事 　 務 　 費（支出） | 435 | 同 　 上 　 売 　 却 　 原 　 価 | 40 |
| 減 　 価 　 償 　 却 　 費 | 110 | 設 備 資 金 借 入 金 元 金 償 還 額 | 300 |
| 設 備 資 金 借 入 金 借 入 額 | 300 | 建 　 物 　 取 　 得 　 額 | 650 |
| 国 庫 補 助 金 等 特 別 積 立 金<br>取 崩 額（減価償却相当分） | 55 | 施 設 整 備 等 寄 附 金 額<br>に 見 合 う 基 本 金 組 入 額 | 150 |
| 国 庫 補 助 金 等 特 別 積 立 金<br>取 崩 額（車輌売却相当分） | 10 | 同 　 上 　 国 　 庫 　 補 　 助 　 金 　 等<br>特 　 別 　 積 　 立 　 金 　 積 　 立 　 額 | 500 |

### 【解答欄】

### 法 人 単 位 資 金 収 支 計 算 書　　第1号第1様式
（自）××01年4月1日（至）××02年3月31日　　（単位：円）

| 勘 定 科 目 | | | 予 算 | 決 算 | 差 異 | 備 考 |
|---|---|---|---|---|---|---|
| 事業活動による収支 | 収入 | 介護保険事業収入 | | | | |
| | | ・・・ | | | | |
| | | 事業活動収入計(1) | | | | |
| | 支出 | 人件費支出 | | | | |
| | | 事業費支出 | | | | |
| | | 事務費支出 | | | | |
| | | ・・・ | | | | |
| | | 事業活動支出計(2) | | | | |
| | 事業活動資金収支差額(3)＝(1)－(2) | | | | | |
| 施設整備等による収支 | 収入 | 施設整備等補助金収入 | | | | |
| | | 施設整備等寄附金収入 | | | | |
| | | 設備資金借入金収入 | | | | |
| | | 固定資産売却収入 | | | | |
| | | 施設整備等収入計(4) | | | | |
| | 支出 | 設備資金借入金元金償還支出 | | | | |
| | | 固定資産取得支出 | | | | |
| | | ・・・ | | | | |
| | | 施設整備等支出計(5) | | | | |
| | 施設整備等資金収支差額(6)＝(4)－(5) | | | | | |
| その他の活動による収支 | 収入 | 積立資産取崩収入 | | | | |
| | | ・・・ | | | | |
| | | その他の活動収入計(7) | | | | |
| | 支出 | 積立資産支出 | | | | |
| | | ・・・ | | | | |
| | | その他の活動支出計(8) | | | | |
| | その他の活動資金収支差額(9)＝(7)－(8) | | | | | |
| 予備費支出(10) | | | | | | |
| 当期資金収支差額合計(11)＝(3)＋(6)＋(9)－(10) | | | | | | |

| | 予 算 | 決 算 | 差 異 | 備 考 |
|---|---|---|---|---|
| 前期末支払資金残高(12) | | 2,960 | | |
| 当期末支払資金残高(11)＋(12) | | | | |

**法 人 単 位 事 業 活 動 計 算 書**　　　第2号第1様式
（自）××01年4月1日（至）××02年3月31日　　　（単位：円）

| 勘 定 科 目 | | | 本年度決算 | 前年度決算 | 増　減 |
|---|---|---|---|---|---|
| サービス活動増減の部 | 収益 | 介護保険事業収益 ・・・ | | | |
| | | サービス活動収益計⑴ | | | |
| | 費用 | 人件費 | | | |
| | | 事業費 | | | |
| | | 事務費 | | | |
| | | 減価償却費 | | | |
| | | 国庫補助金等特別積立金取崩額 | △ | △××× | |
| | | 徴収不能額 | | | |
| | | 徴収不能引当金繰入 | | | |
| | | サービス活動費用計⑵ | | | |
| | | サービス活動増減差額⑶＝⑴－⑵ | | | |
| サービス活動外増減の部 | 収益 | 借入金利息補助金収益 ・・・ | | | |
| | | サービス活動外収益計⑷ | | | |
| | 費用 | 支払利息 ・・・ | | | |
| | | サービス活動外費用計⑸ | | | |
| | | サービス活動外増減差額⑹＝⑷－⑸ | | | |
| 経常増減差額⑺＝⑶＋⑹ | | | | | |
| 特別増減の部 | 収益 | 施設整備等補助金収益 | | | |
| | | 施設整備等寄附金収益 | | | |
| | | 固定資産売却益 | | | |
| | | 特別収益計⑻ | | | |
| | 費用 | 基本金組入額 | | | |
| | | 固定資産売却損・処分損 | | | |
| | | 国庫補助金等特別積立金取崩額（除却等） | △ | △××× | |
| | | 国庫補助金等特別積立金積立額 | | | |
| | | 特別費用計⑼ | | | |
| | | 特別増減差額⑽＝⑻－⑼ | | | |
| 当期活動増減差額⑾＝⑺＋⑽ | | | | | |
| 繰越活動増減差額の部 | | 前期繰越活動増減差額⑿ | 2,510 | | |
| | | 当期末繰越活動増減差額⒀＝⑾＋⑿ | | | |
| | | 基本金取崩額⒁ | | | |
| | | その他の積立金取崩額⒂ | | | |
| | | その他の積立金積立額⒃ | | | |
| 次期繰越活動増減差額⒄＝⒀＋⒁＋⒂－⒃ | | | | | |

# II

## 減価償却と施設の再生

　ここでは、減価償却の概念とその役割の整理をします。

　そして、社会福祉法人にとっての「施設の再生」と長期計画とに対する、財務の視点からの考え方を学びます。

　簿記の中級を学んでこられた方も、新しい気持ちで学びなおしていただきたいと思います。

## ||||| **1** 減価償却

### ⑴ 『減価償却』という考え方

　固定資産を購入したときは、支払資金が減少するので「資金収支計算書」に支出として計上するのですが、資産の形が変わっただけで、純資産は増減しないので、P／Lには計上されません。

　しかし、土地はともかく、建物や器具及び備品など、およそ形のあるものは、時の経過とともに劣化し、やがて使用に耐えなくなります。

　このことは、固定資産は使用によって資産の価値が減少し（これを「減価」といいます）、純資産が減少することを意味しています。

　図では、次のように示すことができるでしょう。網掛け部分が、使用による減価を示しています。

ソフトウェアのような無形固定資産も、年月とともに機能が陳腐化しますので、減価することになります。

固定資産使用前のB／S

| 流動資産 | 流動負債 |
|---|---|
| | 固定負債 |
| 固定資産 | |
| | 純資産 |

固定資産使用後のB／S

| 流動資産 | 流動負債 |
|---|---|
| | 固定負債 |
| 固定資産 | |
| | 純資産 |

使用による減価

　純資産が減少する？

　そうです。したがって、毎年の決算では、減価した分だけ固定資産を減らし、同額をP／Lの費用に計上する必要があります。会計では、この手続を「減価償却」といい、B／Sの固定資産の帳簿価額を減らし、P／Lには、「減価償却費」として費用に計上するのです。正に、「損益計算」の考え方ですね。

減価する資産を償却資産といい、減価しない資産を非償却資産といいます。非償却資産には、土地や美術品などがあります。

　なお、減価償却費は純資産が減少するので、P／Lに費用として計上されますが、資産としては固定資産が減少するだけで、支払資金（流動資産・流動負債）は何ら増減しません。したがって、**減価償却費はP／Lの費用項目に計上されるが、資金収支計算書には出てこない**ことになります。

## ⑵　減価償却費の計算方法

次の場合、減価償却費は、どのように計算すればよいのでしょうか。

> 100万円の乗用車を購入し、事業のために使用した。

さて、どうしましょうか。…いくらの金額を、何年にわたって償却すればよいのか？そのように考えます。したがって、

> 取得価額100万円・・・減価償却すべき総額

と考えます。

では、上で出てきた償却総額を、何年で償却すればよいのでしょうか。

そのためには、「償却しようとする資産は、一体何年使えるのか」を考えます。そして、使用可能な期間にわたって減価償却を行うのです。この使用可能な期間のことを、**耐用年数**といいます。

耐用年数の決定は、実際には困難な問題ですが、ここでは、「乗用車の耐用年数は、5年である」とします。

では、1年間当たりの減価償却費は、一体幾らになるでしょうか。

「5年で丸々減少させるのなら、1年では一体いくら償却するのか」と考えると、1年間当たり取得価額の5分の1、つまり20％を償却すればよいことが分かります。そうすると、この場合の減価償却費は、以下のように計算することになります。20万円ずつ5年で償却して100万円ちょうどになります。

> 100万円　×　0.200　＝　20万円／年

上の計算方法では、償却額が毎年「定額」となりますので、このような償却方法を定額法といいます。

なお、上の計算では0.200を掛けていますが、別に耐用年数で割ってもよさそうなものです。しかし、税法が、定額法の償却額は上のような計算によるべしと決めているので、このような計算方法になっています。耐用年数ごとの率も、次のように決まっています。

左は、減価償却方法を定額法とした場合の説明です。

建物や車輌運搬具など、形のある資産（無形固定資産に対して、有形固定資産といいます）の場合には、備忘価額1円を残す必要があります。したがって、正しくは最終年の減価償却費は199,999円とします。

**減価償却資産の償却率　（一部抜粋）**

| 耐用年数 | 定額法償却率 | 6 | 0.167 | 11 | 0.091 | 16 | 0.063 |
|---|---|---|---|---|---|---|---|
| 2 | 0.500 | 7 | 0.143 | 12 | 0.084 | 17 | 0.059 |
| 3 | 0.334 | 8 | 0.125 | 13 | 0.077 | 18 | 0.056 |
| 4 | 0.250 | 9 | 0.112 | 14 | 0.072 | 19 | 0.053 |
| 5 | 0.200 | 10 | 0.100 | 15 | 0.067 | 20 | 0.050 |

## 〈参考〉 減価償却費は計算書類にどのように反映されるか

初年度の期首に、100万円のソフトウエアを購入して、5年間（年当たり20万円）で定額法による減価償却を行った場合の5年間の計算書類は？

① 取得時

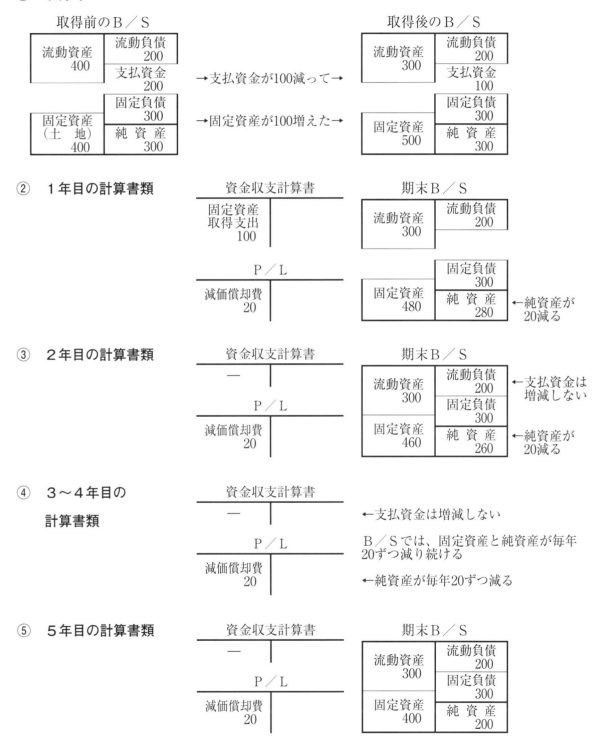

② 1年目の計算書類

③ 2年目の計算書類

④ 3～4年目の計算書類

⑤ 5年目の計算書類

（注）　5年分のP／Lに計上された減価償却費を合計すると、初年度の資金収支計算書に計上された固定資産取得支出と同額になります。

## 練習問題 ⑥ 減価償却演習

××01年3月31日に、次のような状態で設立された社会福祉法人があります。

設立時B／S

| 建　　　物 | 基　　本　　金 |
|---|---|
| 10,000 | 10,000 |

（単位省略。以下同じ）

**設問1**　この法人の、××02年3月期以降の計算書類を作成してください。

ただし、××01年4月1日以後の事業収益（＝収入）が年間8,000、減価償却費以外の人件費・事業費・事務費等の費用（＝支出）が年間7,500で固定されているものとします。

便宜上、建物の耐用年数は5年、残存価額はないものとし、5年後には建物が消滅するものとします。また、××01年4月1日から償却を開始するものとし、減価償却は定額法で行います（備忘価額1円については、考慮する必要はありません）。

### 【解答欄】

(1)　第1年度

資金収支計算書

| 事業費等支出<br>（　　　　） | 事業収入<br>（　　　　） |
|---|---|
| 当　　　期<br>資金収支差額<br>（　　　　） | |
| 当　期　末<br>支払資金残高<br>（　　　　） | 前　期　末<br>支払資金残高<br>0 |

P／L

| 事業費等費用<br>（　　　　）<br>減価償却費<br>（　　　　） | 事業収益<br>（　　　　） |
|---|---|
| 当　　　期<br>活動増減差額<br>（　　　　） | |
| 次期繰越<br>活動増減差額<br>（　　　　） | 前期繰越<br>活動増減差額<br>0 |

B／S

| 現金預金等<br>（　　　　）<br>建　　　物<br>（　　　　） | 基　　本　　金<br>（　　　　） |
|---|---|
| | 次期繰越<br>活動増減差額<br>（　　　　） |
| 減価償却累計額<br>（　　　　　　　　） | |

(2)　第2年度

資金収支計算書

| 事業費等支出<br>（　　　　） | 事業収入<br>（　　　　） |
|---|---|
| 当　　　期<br>資金収支差額<br>（　　　　） | |
| 当　期　末<br>支払資金残高<br>（　　　　） | 前　期　末<br>支払資金残高<br>（　　　　） |

P／L

| 事業費等費用<br>（　　　　）<br>減価償却費<br>（　　　　） | 事業収益<br>（　　　　） |
|---|---|
| 当　　　期<br>活動増減差額<br>（　　　　） | |
| 次期繰越<br>活動増減差額<br>（　　　　） | 前期繰越<br>活動増減差額<br>（　　　　） |

B／S

| 現金預金等<br>（　　　　）<br>建　　　物<br>（　　　　） | 基　　本　　金<br>（　　　　） |
|---|---|
| | 次期繰越<br>活動増減差額<br>（　　　　） |
| 減価償却累計額<br>（　　　　　　　　） | |

(3)　第３年度

資金収支計算書

| 事業費等支出<br>(　　　) | 事　業　収　入<br>(　　　) |
|---|---|
| 当　　期<br>資金収支差額<br>(　　　) | |
| 当　期　末<br>支払資金残高<br>(　　　) | 前　期　末<br>支払資金残高<br>(　　　) |

P／L

| 事業費等費用<br>(　　　)<br>減価償却費<br>(　　　) | 事　業　収　益<br>(　　　) |
|---|---|
| 当　　期<br>活動増減差額<br>(　　　) | |
| 次期繰越<br>活動増減差額<br>(　　　) | 前期繰越<br>活動増減差額<br>(　　　) |

B／S

| 現金預金等<br>(　　　)<br>建　　物<br>(　　　) | 基　本　金<br>(　　　) |
|---|---|
| | 次期繰越<br>活動増減差額<br>(　　　) |

減価償却累計額
(　　　　　　　　)

(4)　第４年度

資金収支計算書

| 事業費等支出<br>(　　　) | 事　業　収　入<br>(　　　) |
|---|---|
| 当　　期<br>資金収支差額<br>(　　　) | |
| 当　期　末<br>支払資金残高<br>(　　　) | 前　期　末<br>支払資金残高<br>(　　　) |

P／L

| 事業費等費用<br>(　　　)<br>減価償却費<br>(　　　) | 事　業　収　益<br>(　　　) |
|---|---|
| 当　　期<br>活動増減差額<br>(　　　) | |
| 次期繰越<br>活動増減差額<br>(　　　) | 前期繰越<br>活動増減差額<br>(　　　) |

B／S

| 現金預金等<br>(　　　)<br>建　　物<br>(　　　) | 基　本　金<br>(　　　) |
|---|---|
| | 次期繰越<br>活動増減差額<br>(　　　) |

減価償却累計額
(　　　　　　　　)

(5)　第５年度

資金収支計算書

| 事業費等支出<br>(　　　) | 事　業　収　入<br>(　　　) |
|---|---|
| 当　　期<br>資金収支差額<br>(　　　) | |
| 当　期　末<br>支払資金残高<br>(　　　) | 前　期　末<br>支払資金残高<br>(　　　) |

P／L

| 事業費等費用<br>(　　　)<br>減価償却費<br>(　　　) | 事　業　収　益<br>(　　　) |
|---|---|
| 当　　期<br>活動増減差額<br>(　　　) | |
| 次期繰越<br>活動増減差額<br>(　　　) | 前期繰越<br>活動増減差額<br>(　　　) |

B／S

| 現金預金等<br>(　　　) | 基　本　金<br>(　　　) |
|---|---|
| | 次期繰越<br>活動増減差額<br>(　　　) |

減価償却累計額
(　　　　　　　　)

**設問2**　上記の社会福祉法人において、支出・費用が **設問1** のままであった場合、毎年の収入・収益がいくらであれば、５年後において施設の再生資金10,000が確保されるでしょうか？

【解答欄】

# ２ 国庫補助金等特別積立金

## (1) 「基本金」と「国庫補助金等特別積立金」の違い

　**基本金**は、主に社会福祉法人の設立や施設の創設・増築等のために基本財産等を取得する財源として受け取った寄附金です。この寄附金は、社会福祉法人が将来にわたって維持すべき基本財産等の取得に充てられるので、基本財産等が廃棄又は売却されない限り、基本金が取り崩されることはありません。

　一方、社会福祉法人が施設及び設備の整備のために、国や地方公共団体等から受領した補助金や助成金等を**国庫補助金等**といいます。国庫補助金等は、返還をする必要がありませんので、B／Sの負債ではなく、純資産の部に**国庫補助金等特別積立金**として計上します。

　これらの寄附金あるいは国庫補助金等を収受等した場合の会計処理は、次のようになっています。

基本金は、社会福祉法人に対する「元入金」であり、一般企業の「資本金」に該当するものです。ただし、基本金には配当、払戻しはありません。

### 固定資産取得等のための寄附金・国庫補助金等を収受した場合の会計処理

| 摘　　要 | 寄附金 | 国庫補助金等 |
|---|---|---|
| 収受した時の処理 | | |
| ・P／Lでの処理 | 施設整備等寄附金収益 | 施設整備等補助金収益 |
| ・資金収支計算書での処理 | 施設整備等寄附金収入 | 施設整備等補助金収入 |
| 純資産への組入れ・積立 | | |
| ・P／Lでの処理 | 基 本 金 組 入 額 | 国庫補助金等特別積立金積立額 |
| ・資金収支計算書での処理 | ― | ― |
| B／Sの表示 | 基　　本　　金 | 国庫補助金等特別積立金 |

　以上のように、基本金と国庫補助金等特別積立金とは、その財源が民間の寄附金なのか、あるいは国庫補助金等であるのかの違いがあります。この財源の相違を反映して、この両者には更なる相違が生じます。それは、取崩しについての相違です。

## (2) 国庫補助金等特別積立金の取崩し

　寄附金あるいは国庫補助金等で基本財産等として取得された固定資産は、時の経過あるいは使用とともに減価しますので、減価償却しなければなりません。では、取得財源である寄附金あるいは国庫補助金等をもとにB／Sに計上した基本金、国庫補助金等特別積立金はどうでしょうか。

　**練習問題６**で見ましたように、減価償却を行っても、基本金は取り崩

しません。これは、償却を終えた段階には建替えの資金がプールされ、それによって社会福祉事業が継続されることを前提とした会計処理です。しかし、国庫補助金等は社会福祉事業自体の継続のためのものではなく、利用者の負担を軽減させることにその主たる目的があります。

この両者の違いと問題点を、例をあげて見てみましょう。

例：基本金で取得した建物1億円を償却し終えたときの「B／S」は？

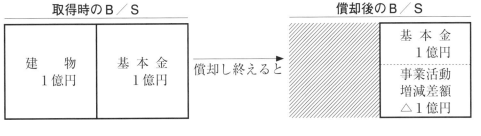

取得した建物を償却すると、斜線//////で示した部分だけが、P／Lの事業活動増減差額のマイナスとして計算されます。そうすると、法人としては、事業を継続するためには、これに見合う事業活動収益を獲得する（あるいは費用を抑える）ことが必要になり、何らかの形で利用者の負担になることになります。

そこで、「会計基準」は、減価償却費の負担を国庫補助金等に見合うだけ軽減するために、国庫補助金等のうち当期の減価償却額に対応する金額を取り崩して、減価償却費から控除することにしました。このようにして、P／Lの面でも補助の実があるようにしたのです。

P／Lでは、国庫補助金等特別積立金の取崩額を減価償却費のすぐ下に「△」を付して控除項目として記載することとされています。結局、減価償却費から国庫補助金等特別積立金取崩額を差し引いた金額が、自己資金で取得した部分の減価償却費相当額となります。

### (3)　国庫補助金等特別積立金がある場合の計算書類

では、国庫補助金等特別積立金の取崩額の処理を見てみましょう。

次頁の場合では、耐用年数5年の100万円のソフトウエアを購入したので、毎年20万円の減価償却費が計上されます。しかし、購入額の半額の補助があったため、国庫補助金等特別積立金の取崩しが10万円計上され、結果として、毎年の実質的償却費負担額が半額に減額されています。

基本金を取り崩さないこと。これは、寄附金を原資として、社会福祉活動を続けて欲しいという寄附者の意思に添うことです。

左の図では、残存価額をゼロとしています。

国庫補助金等特別積立金の取崩しは、支払資金の増減を伴わないので、「資金収支計算書」に記載する必要はありません。

## 〈参考〉　国庫補助金等がある場合の計算書類はどうなるか

　100万円のソフトウエアを購入して、5年間（年当たり20万円）で減価償却を行った場合の5年間の計算書類は？　ただし、国庫補助が50万円あったとします。なお、下の図で、国庫補助金等特別積立金は、特別積立と略しています。

### ①　取得時

取得前のB／S

| 流動資産 400 | 流動負債 200 |
| | 支払資金 200 |

| 固定資産（土　地）400 | 固定負債 300 |
| | 純資産 300 |

→ 支払資金が50減って →

→固定資産が100増えた→
→特別積立も50増えた→

取得後のB／S

| 流動資産 350 | 流動負債 200 |
| | 支払資金 150 |

| 固定資産 500 | 固定負債 300 |
| | 特別積立 50 |
| | 他の純資産 300 |

特別積立に補助金相当額を積み立てる

### ②　1年目の計算書類

補助金をいただいたとき、いったん、収支計算書で収入として計上し、その後P／Lの費用として→特別積立を積み立てます。

また、減価償却費の計上に伴って、対応する特別積立を取り崩します。

資金収支計算書

| 固定資産取得支出 100 | 施設整備等補助金収入 50 |

P／L

| 特別積立積立額50 | 施設整備等補助金収益　50 |
| 減価償却費 20 | |
| 特別積立取崩額 △10 | |

期末B／S

| 流動資産 350 | 流動負債 200 |

| 固定資産 480 | 固定負債 300 |
| | 特別積立 40 |
| | 他の純資産 290 |

他の純資産（繰越増減差額）は10だけ減る ←

### ③　2年目から5年目までの収支計算書と5年後のB／S

特別積立の取崩しによって、減価償却の影響が減じられています。

資金収支計算書

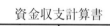

P／L

| 減価償却費 20 | |
| 特別積立取崩額 △10 | |

期末B／S

| 流動資産 350 | 流動負債 200 |
| | 固定負債 300 |
| 固定資産 400 | 純資産 250 |

5年累計では、固定資産を100取得したが、流動資産、純資産ともに減るのは50

# **3** 施設の再生（建替え）

## (1) 施設再生（建替え）計画

施設の再生（建替え）は、社会福祉法人にとって大きな課題です。その課題に対処するには、将来を予測し計画を立てることが求められます。施設の再生（建替え）に限らず、5年後には第2のキャンパスをつくろうといった場合にも、同様のことが必要となります。

将来予測を立てることは容易ではありません。しかし、最低限、今後如何ほどの活動増減差額を獲得するべきなのか、あるいは如何ほどの資金収支差額を獲得するべきなのかを明確にすることが必要です。そのような場合の一つの考え方を理解するために、**練習問題7**を解いてみてください。

**練習問題7**は、保育所を運営している法人の例です。その法人は、今から15年経過すると、園舎を建て替える必要があると考えています。現在のB／Sを要約すると、次頁の**現状B／S**のとおりです。

さて、今後15年間に、この保育所を運営している法人は、一体どれほどの活動増減差額と資金収支差額を累積する必要があるのでしょうか。

次頁の〈その他の条件〉イ、ロ、ハの要件を前提に、15年後の貸借対照表がどうなっていたら建て替えられるのかを考え、15年後の貸借対照表をつくっていただきます。

考え方は、55頁の中ほどから下のところに書いてあります。《**考え方**》を理解し、その下に記載してある《**見積りB／Sの作り方**》をじっくり読みながら、B／Sを作ってください。

早く解くことが目的ではありません。理解することが目的です。時間がかかるかもしれませんが、理解しながら解いてください。

**練習問題** ⑦ 施設再生計画の考え方

保育所を運営しているある法人では、あと15年すると園舎を建て替える必要があると考えています。

この法人の現在の貸借対照表を要約すると、次の「現状Ｂ／Ｓ」のとおりです。

現状Ｂ／Ｓ　　　　　　　　　（単位：百万円）

| 流動資産 | 現 金 預 金 | 56 | 流動負債 | 短 期 借 入 金 | 40 | 支払資金残高 21 |
| | そ の 他 | 18 | | そ の 他 | 13 | |
| | 合 計 | 74 | | 合 計 | 53 | |
| 固定資産 | 建 物 等 | 460 | 固定負債 | 長 期 借 入 金 | 171 | |
| | そ の 他 | 109 | | そ の 他 | 29 | |
| | | | | 合 計 | 200 | |
| | 合 計 | 569 | 純資産 | 国庫補助特積金 | 268 | |
| | | | | その他の純資産 | 122 | |
| | | | | 合 計 | 390 | |
| 資産合計 | | 643 | 負債純資産合計 | | 643 | |

園舎を建て替えるためには、今後15年の間に、この法人は一体如何ほどの活動増減差額と資金収支差額を累積することが必要でしょうか。次頁の15年後（園舎建替直前）のＢ／Ｓを完成させ、その間に獲得すべき活動増減差額と資金収支差額の累積額を算出してください。

さらに、具体的な条件は、次のとおりです。

〈その他の条件〉

イ　この法人の建物等の帳簿価格は460百万円ですが、建替えには仮園舎の費用等を考慮して600百万円が必要だと考えています。

ロ　そのために、15年後には自己資金として、最低400百万円の資金をプールしたいと思っています。補助金の情勢によっては600百万円全額の引当が必要かもしれませんが…。

ハ　15年後の状態として、現在は手許の現金預金が少なく資金繰りに苦労しているので、建替資金以外の現金預金を100百万円にしたいと思っています。また、その時点では、長期・短期の借入金は返済済みにしておきたいと考えています。

【解答欄】

### 15年後（園舎建替直前）B／S　（単位：百万円）

| 流動資産 | 現 金 預 金 ② 取 得 資 金 ① そ の 他 ③ | | 流動負債 | 借 入 金 ② そ の 他 ③ | | 支払資金 残　高 ＿＿＿＿ |
|---|---|---|---|---|---|---|
| | 合　計 ⑤ | | | 合　計 ⑥ | | |
| 固定資産 | 建 物 等 ④ そ の 他 ③ | | 固定負債 | 借 入 金 ② そ の 他 ③ | | |
| | | | | 合　計 ⑥ | | |
| | | | 純資産 | その他の純資産 （現状B／S） | | |
| | | | | １５年間の ⑦ 増加純資産 | | |
| | 合　計 ⑤ | | | 合　計 ⑥ | | |
| | 資産合計 ⑤ | | | 負債純資産合計 ⑤ | | |

（百万円未満端数四捨五入）

| 今後15年間 に獲得すべき | 当期活動増減差額累計額 ＿＿＿＿ 百万円（年平均 ＿＿＿ 百万円） |
|---|---|
| | 当期資金収支差額累計額 ＿＿＿＿ 百万円（年平均 ＿＿＿ 百万円） |

### 《考え方》

　会計はダムである。…15年後のB／Sを考えることによって、必要とされる当期活動増減差額累計額とともに、当期資金収支差額累計額も計算できることとなります。

　取得資金400百万円を現金預金でプールすると考えた場合（実際には特定預金にするでしょうが…）、15年後の見積りB／Sは、次のように作ることができます。

### 《見積りB／Sの作り方》

① 〈その他の条件〉ロから、取得資金は400百万円になります。

② 〈その他の条件〉ハから、現金預金は100百万円、借入金はゼロになります。

③ 各資産・負債のその他は、現状のままとします（現実には、個別の状況によって変動させます）。

④ また、建物等は15年後には償却・除却してゼロになります。

　以上を記入してから計算します。

⑤ 流動資産合計（518）、固定資産合計（109）、そして資産合計（627）を出します。同額（627）を負債純資産合計に記入します。

⑥ 流動負債合計（13）、固定負債合計（29）を記入し、負債純資産合計から流動負債、固定負債を控除した金額（585）を純資産合計に記入します。

⑦ 純資産合計（585）から、現状B／Sのその他の純資産の額（122）を控除した金額（463）が、この15年間に増加すべき純資産の金額です（国庫補助金等特別積立金は取崩によってゼロとなり、現状B／Sから引き継がれる純資産は122のみです）。

　また、支払資金については、現状B／Sが21（74−53）、15年後B／Sでは505（518−13）ですので、15年間の増加は484になります。

## 〈参考〉 減価償却の効果

　**練習問題６**《減価償却演習》で分かることは、資金収支がプラスを累積していても、Ｐ／Ｌで赤字が続いていては、施設の再生ができないということです。

　逆に、償却額に見合う資金が法人にプールされる結果、Ｐ／Ｌで収支差額がゼロであるなら、施設の再生が可能になることを示しています。

　つまり、「減価償却」の機能には、次の三つがありますが、経営的には、次のハに掲げる機能が一番重要であり、Ｐ／Ｌが重要であることが分かります。


〈減価償却の機能〉

イ．Ｂ／Ｓに計上される資産が減価を反映した価額となる（**資産評価**）

ロ．Ｐ／Ｌに固定資産取得支出を費用の発生として取り込む（**事業活動成果評価**）

ハ．ロ．の結果、**償却費相当額の資金が法人内部にプールされる（自己金融）**

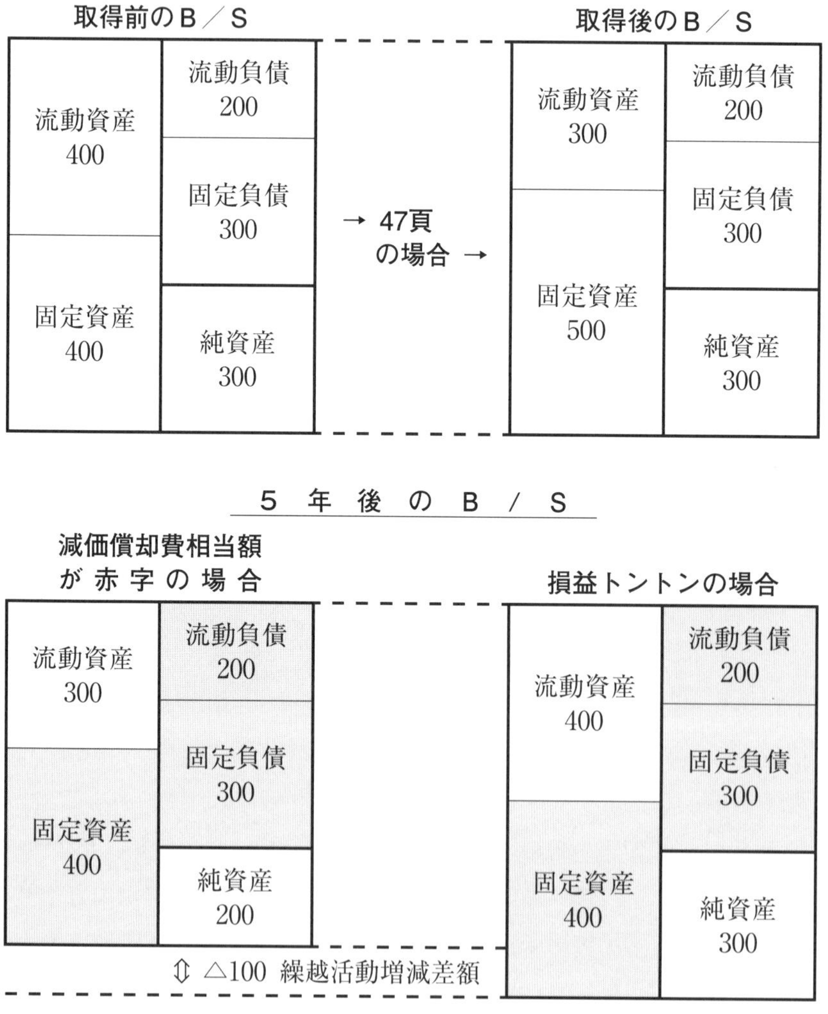

取得前のＢ／Ｓ　　　　　　　　　取得後のＢ／Ｓ

| 流動資産 400 | 流動負債 200 | → 47頁 の場合 → | 流動資産 300 | 流動負債 200 |
| | 固定負債 300 | | | 固定負債 300 |
| 固定資産 400 | 純資産 300 | | 固定資産 500 | 純資産 300 |

### ５ 年 後 の Ｂ／Ｓ

減価償却費相当額 が 赤 字 の 場 合　　　　損益トントンの場合

| 流動資産 300 | 流動負債 200 | | 流動資産 400 | 流動負債 200 |
| | 固定負債 300 | | | 固定負債 300 |
| 固定資産 400 | 純資産 200 | | 固定資産 400 | 純資産 300 |

⇕ △100 繰越活動増減差額

「損益」はＰ／Ｌの、当期活動増減差額です。
「損益」がマイナスの場合に「赤字」といいます。
左の図で、赤字の場合と損益トントンの場合とで異なるのは、網掛けされていない部分です。

**練習問題 ⑧ 施設再生計画 ～ 見積B／Sの作成 ～**

　A社会福祉法人（以下「A法人」といいます）の××01年4月1日から××02年3月31日までの資金収支計算書・事業活動計算書及び××02年3月31日現在の貸借対照表は、次頁以下のとおりです。

　A法人は10年後（××12年3月31日）に建物の増築を予定していますが、その際に必要な自己資金は5億円と見積もっています（補助金は、ないものとします）。

　この法人が、予定どおり建物を増築できるか否かなどについて、59頁の 設問1 と 設問2 に答えてください。ただし、その際の前提条件は、次のとおりとします。

《前提条件》

① 　建築資金とは別に、運転資金として現金預金を常に100,000千円確保するものとする。

② 　××11年度期末（××12年3月31日）までの上記①以外の余剰資金は、すべて施設設備整備積立資産に積み立て、同額の積立金を積み立てるものとする。

③ 　建物増築が可能な場合、建築開始は、××12年4月1日以降とする。

④ 　現在の建物は、耐用年数39年で、××02年3月31日現在の既償却年数は20年、減価償却累計額は187,200千円である。減価償却については、定額法により、残存価額を取得価額の1割として、償却率0.026を乗じる方法によって計算するものとする。建物以外の減価償却資産については、減価償却費と同額だけを毎年度に再取得するものとし、その他の固定資産の帳簿価額は同一であるものとする。

⑤ 　××02年3月31日現在の国庫補助金等特別積立金は、すべて現在の建物取得のために交付された補助金に対応するものであり、毎年7,020千円ずつ取崩しをしており、取り崩しは正当になされている。

⑥ 　長期借入金は、毎年度末に20,000千円ずつ返済する。借入金利息は、毎年、返済直前残高の2％を元金とともに支払う。

⑦ 　人件費は、××03年度（××04年3月期）までは前年度比2％ずつ上昇し、その後は××03年度の金額で推移するものとする。

⑧ 　人件費、借入金利息以外のその他の収支及び損益は、終始一定とする。

⑨ 　貸借対照表の「その他流動資産」、「その他固定資産」、「その他流動負債」、「その他固定負債」は、不変とする。

**A法人　資金収支計算書**（単位：千円）

自××01年4月1日　至××02年3月31日

| 勘　定　科　目 | | | 決算額 |
|---|---|---|---|
| 事業活動による収支 | 収入 | 介護保険事業収入 | 480,000 |
| | | 老人福祉事業収入 | 10,000 |
| | | 受取利息配当金収入 | 10 |
| | | その他の収入 | 2,000 |
| | | 事業活動収入計 | 492,010 |
| | 支出 | 人件費支出 | 300,000 |
| | | 事業費支出 | 52,000 |
| | | 事務費支出 | 60,000 |
| | | 支払利息支出 | 4,000 |
| | | 事業活動支出計 | 416,000 |
| | | 事業活動資金収支差額 | 76,010 |
| 施設整備等による収支 | 収入 | ・・・・・・ | ― |
| | | ・・・・・・ | ― |
| | | 施設整備等収入計 | ― |
| | 支出 | 設備資金借入金元金償還支出 | 20,000 |
| | | ・・・・・・ | ― |
| | | 施設整備等支出計 | ― |
| | | 施設整備等資金収支差額 | △20,000 |
| その他の活動による収支 | 収入 | ・・・・・・ | ― |
| | | ・・・・・・ | ― |
| | | その他の活動収入計 | ― |
| | 支出 | ・・・・・・ | ― |
| | | ・・・・・・ | ― |
| | | その他の活動支出計 | ― |
| | | その他の活動資金収支差額 | ― |
| 予備費支出 | | | |
| 当期資金収支差額合計 | | | 56,010 |

| 前期末支払資金残高 | 43,990 |
|---|---|
| 当期末支払資金残高 | 100,000 |

B/Sと 設問1 、 設問2 は、次の頁に記載されています。

**A法人　事業活動計算書**（単位：千円）

自××01年4月1日　至××02年3月31日

| 勘　定　科　目 | | | 決算額 |
|---|---|---|---|
| サービス活動増減の部 | 収益 | 介護保険事業収益 | 480,000 |
| | | 老人福祉事業収益 | 10,000 |
| | | ・・・・・・ | ― |
| | | その他の収益 | 2,000 |
| | | サービス活動収益計 | 492,000 |
| | 費用 | 人件費 | 300,000 |
| | | 事業費 | 52,000 |
| | | 事務費 | 60,000 |
| | | 減価償却費 | 9,360 |
| | | 国庫補助金等特別積立金取崩額 | △7,020 |
| | | サービス活動費用計 | 414,340 |
| | | サービス活動増減差額 | 77,660 |
| サービス活動外増減の部 | 収益 | 受取利息配当金収益 | 10 |
| | | ・・・・・・ | ― |
| | | サービス活動外収益計 | 10 |
| | 費用 | 支払利息 | 4,000 |
| | | ・・・・・・ | ― |
| | | サービス活動外費用計 | 4,000 |
| | | サービス活動外増減差額 | △3,990 |
| | | 経常増減差額 | 73,670 |
| 特別増減の部 | 収益 | ・・・・・・ | ― |
| | | 特別収益計 | ― |
| | 費用 | ・・・・・・ | ― |
| | | 特別費用計 | ― |
| | | 特別増減差額 | ― |
| | | 当期活動増減差額 | 73,670 |
| 繰越活動増減差額の部 | | 前期繰越活動増減差額 | 39,530 |
| | | 当期末繰越活動増減差額 | 113,200 |
| | | ・・・・・・ | ― |
| | | ・・・・・・ | ― |
| | | ・・・・・・ | ― |
| | | 次期繰越活動増減差額 | 113,200 |

A法人　　　　　　　　　　　　　　**貸借対照表**
　　　　　　　　　　　　　　　　××02年3月31日現在　　　　　　　　　（単位：千円）

| 現金預金 | 100,000 | 1年以内返済予定設備資金借入金 | 20,000 |
|---|---|---|---|
| その他流動資産 | 25,000 | その他流動負債 | 25,000 |
|  |  | 設備資金借入金 | 160,000 |
| 土地（基本財産） | 350,000 | その他固定負債 | 10,000 |
| 建物（基本財産） | 212,800 |  |  |
| その他固定資産 | 70,000 | 基本金 | 270,000 |
|  |  | 国庫補助金等特別積立金 | 159,600 |
|  |  | 次期繰越活動増減差額 | 113,200 |
| 資産の部合計 | 757,800 | 負債及び純資産の部合計 | 757,800 |

**設問1**　××12年3月31日決算におけるA法人の貸借対照表の括弧（　）内に適切な数値を入れて、貸借対照表を完成させてください。

【解答欄】

A法人　　　　　　　　　　　　　　**貸 借 対 照 表**
　　　　　　　　　　　　　　　　××12年3月31日現在　　　　　　　　　（単位：千円）

| 現金預金 | （　　　） | 1年以内返済予定設備資金借入金 | （　　　） |
|---|---|---|---|
| その他流動資産 | 25,000 | その他流動負債 | 25,000 |
|  |  | 設備資金借入金 | （　　　） |
| 土地（基本財産） | （　　　） | その他固定負債 | 10,000 |
| 建物（基本財産） | （　　　） |  |  |
| その他固定資産 | 70,000 | 基本金 | （　　　） |
| 施設設備整備積立資産 | （　　　） | 国庫補助金等特別積立金 | （　　　） |
|  |  | 施設設備整備積立金 | （　　　） |
|  |  | 次期繰越活動増減差額 | （　　　） |
| 資産の部合計 | （　　　） | 負債及び純資産の部合計 | （　　　） |

**設問2**　正しい方に○をつけてください。

【解答欄】

| | |
|---|---|
| | 建物更新のための資金は確保できた |
| | 建物更新のための資金は確保できなかった |

## ⑵　大規模修繕等を考慮した建替え計画

　将来の建替えを計画するにあたり、必要資金額としては、何をどう見積もればよいでしょうか？

①　建築費

→　建築費は、一時的には落ち着くこともありますが、長期的には上昇を続けると考えることが妥当かもしれません。

②　移転費用

(イ)　隣接地に建て替える場合

→　移転費用は必要不可欠です。

(ロ)　現在地の建物を取り壊して建替える場合

→　建替え期間中の入所者の処遇等を継続するための支出を無視することはできません。

③　建替え資金から控除される額 ～ 外部資金

(ハ)　補助金額の見積り

→　将来的には減少するものと考える必要があります

(ニ)　設備資金借入金額の見積り

→　「借入金なしで」という考え方は、法人の事業継続という観点からは健全なものと思われますが、現実には難しいようです。

　建替え資金計画については、社会福祉充実計画（社会福祉法55条の２）においても十分考慮されるべきものと思われますが、法人経営者の決断により、法人の意思として定めるべきと考えられます。

④　大規模修繕に係る支出

→　建替えに至るまでの間、期間が長期に至る場合は、建替えまでの過程で大規模修繕が必要となることが十分考えられます。

　上記 ① ～ ③ が、将来の建替え時期に発生する支出であり、また、建替え以前には、④の支出や設問で見たような現在の借入金返還のための支出もあります。

　将来の建替えまでに考えられる事象は一つではありません。必要資金を想定する上で、それらの事象ごとにバラバラに資金を考えるのではなく、全体をまとめて資金繰りを考える必要があります。

そのことを、次の例題でみてゆきましょう。

---

**例題－1**　支出の時期と資金積立の時期の関係は？

　A施設においては、手許に余裕資金のない中で、15年後に施設の建替えを計画しています。

　次の①～③が想定されている場合、毎年いかほどの資金余剰を生み出せば良いか想定して下さい。

　　①　15年後の建築費等（移転等諸支出を含み、補助金・借入金を除く）は、360百万円と見込まれています。

　　②　5年後には、老朽化した設備の改修のために45百万円の補修が必要です。

　　③　この施設は現在、設備資金借入金150百万円があり、毎年15百万円を返済しており、後10年で完済する予定です

---

**★ 例題－1 の考え方★**

　①から、今後15年の間、24百万円ずつ（360百万円÷15年）の資金積立が必要となることがわかります。また、②から、5年後の改修までに、年平均9百万円（45百万円÷5年）の資金積立が必要となるようです。

　だとすると、改修までの当初5年間は毎年33百万円の資金積立が必要だと考えるべきなのでしょうか？

　また、③についてはどうでしょうか。

　設備資金借入金150百万円について、毎年15百万円を返済しており、後10年で完済する予定であるということは、当初10年間は、毎年15百万円の支出を想定しておかなければなりません。

　以上のように、考えられる事象ごとにバラバラに資金を考えると、次頁に示す上の表のような必要資金想定となってしまいます。

### 15年間資金繰り

（単位：百万円）

| 摘　　要 | 1年目 | 2年目 | 3年目 | 4年目 | 5年目 | 6年目 | 7年目 | 8年目 | 9年目 | 10年目 | 11年目 | 12年目 | 13年目 | 14年目 | 15年目 |
|---|---|---|---|---|---|---|---|---|---|---|---|---|---|---|---|
| ① 建築費 360百万円 | | | | 毎　年　24　百　万　円 | | | | | | | | | | | |
| ② 改修費 45百万円 | | 毎年 9 百万円 | | | | | | | | | | | | | |
| ③借入金 150百万円 | | | 毎　年　15　百　万　円 | | | | | | | | | | | | |
| 年間必要額 合　　計 | | 毎 年 48 百万円 | | | | 毎 年 39 百万円 | | | | | 毎 年 24 百万円 | | | | |

　これでは、年度ごとの資金の動きが明らかになっておらず、毎年に必要な資金の額がわかりません。では、どのように考えればよいのでしょうか。

　まず、毎年に必要となってくる資金（資金創出額）を考えてみましょう。

　計画期間15年で総額で555百万円（①360百万円と②45百万円と③150百万円の合計額）の資金を生み出せばよいので、555百万円÷15年間＝37百万円／年　と考えてはどうでしょうか。

　次に、支出について考えてみましょう。

　前頁に記載したように、支出は15年間毎年一定ではありません。まず、①の建築費支出ですが、これは15年後に一括で必要となるものですね。

　次に、②の改修費支出については、5年後に45万円が必要です。

　また、③の借入金返済支出については、どうでしょうか。当初10年間は、毎年15百万円ずつを返済し、11年目以降は支出がないのですね。

　これらのことから、15年間の資金繰りは、次のようになります。

　毎年の資金の動きが明らかになり、必要な資金の額がわかりますね。

### 15年間資金繰り

（単位：百万円）

| 摘　　要 | | 1年目 | 2年目 | 3年目 | 4年目 | 5年目 | 6年目 | 7年目 | 8年目 | 9年目 | 10年目 | 11年目 | 12年目 | 13年目 | 14年目 | 15年目 |
|---|---|---|---|---|---|---|---|---|---|---|---|---|---|---|---|---|
| 資金創出額 | | 37 | 37 | 37 | 37 | 37 | 37 | 37 | 37 | 37 | 37 | 37 | 37 | 37 | 37 | 37 |
| 支出 | 建築費支出 | | | | | | | | | | | | | | | 360 |
| | 改修費支出 | | | | | 45 | | | | | | | | | | |
| | 借入金返済 | 15 | 15 | 15 | 15 | 15 | 15 | 15 | 15 | 15 | 15 | | | | | |
| 資金残高 | | 22 | 44 | 66 | 88 | 65 | 87 | 109 | 131 | 153 | 175 | 212 | 249 | 286 | 323 | 0 |

## ⑶　施設再生（建替え）計画と事業計画

　法人を維持してゆくために現在の施設を建て替えること、あるいは活動範囲を広げるために、二つ目の施設を建てること。このようなことは、長期の計画が無くては達成できません。そして、そのために、5年あるいは10年といった一定期間の間にいかほどの活動増減差額及び資金収支差額が必要なのかを明確にすることが必要です。これらのことを明らかにすることによって、理事会を始め、理事長、施設長、職員の全員が、数値目標を共有化することができます。

　**練習問題7**、**練習問題8**で見たように、今後の一定期間内に、いったいいくらの活動増減差額及び資金収支差額が必要なのかを計算することができます。これが15年後ではなく、5年後なら5年後のB／Sをつくればいいのです。このようにして長期の施設再生（建替え）計画を立てます。さらに経営分析等によって自法人（施設）の弱み・強みを分析し、法人の将来像を考えて経営戦略を練り、全体としての長期計画を策定するのです。社会福祉法人を取り巻く環境が大きく変化する現在、このような計画を早急に策定する必要があります。

　特に、現在、国庫補助金等特別積立金を計上しておられる法人の場合で、将来の建替時の補助金が0円と予想される場合には、上のような計画を具体的にもっていないと、施設の再生は極めて困難なものとなることが考えられます。

　以上のように策定された長期計画に基づいて、年度計画、年度予算を立て、その年の具体的な事業計画に落とし込みます。事業計画は、何をどのレベルまでに、誰が、いつ、どのようにして行うのか、等を明確に定める必要があります。後は、毎月その実行・進捗を追いかけていきます。

　このような手続を経て初めて、あるべき法人の姿、施設の姿と、月次の数字とがリンクし、日々の行動管理につながります。

　財務管理の知識を単なる知識として終わらせずに、皆さんの法人の夢を実現する手段として、法人を守る手段として活かしてください。

減価償却の効果として自己金融機能（減価償却後の利益＝活動増減差額をゼロとするならば、減価償却費相当の資金が法人に蓄積される機能）のあることを学びました。しかし、国庫補助金等特別積立金は、その取崩が減価償却費を相殺する役割を果たしていることに留意してください。

# Ⅲ 事業計画と損益分岐点分析

特定事業の損益計画を考える場合の便利な道具として「損益分岐点分析」という考え方があります。

「損益」というのは、企業会計の言い方で、社会福祉法人会計風に言うなら、『事業活動計算書』の「活動増減差額」です。

だから、損益分岐点は、「活動増減差額のプラス・マイナスが分岐する点」ということになります。

# 1 損益分岐点の考え方

## (1) 例題を解きながら考えてみよう!!

説明をするよりも先に、**例題**を解きながら考えてみましょう。

> **例題－1**　1か月の配食サービスの活動増減差額がトントンになるところは？
>
> 　地域貢献と認知度をあげるために、配食サービスを考えている施設があります。毎日の昼ご飯に日替わりメニューを、施設の厨房で作って届ける予定です。
> 　事業計画の期間は5年間で、収益・費用は次のように見積もることができました。
>
> 《収益・費用の見積り》
>
> ①　1食当たり利用者負担金　　　　　　　　　　　　450円
>
> ②　1食当たり材料費及び個数に比例する加工費支出　140円
>
> ③　サービスとして、1食当たり1本のオシボリを提供　10円（レンタル料）
>
> ④　月間人件費
> 　　パートの調理員と配達係　各2人ずつ（合計4人）
> 　　1人当たりの賃金月額は150,000円（固定給）　　60万円
>
> ⑤　その他諸費用月額（利用数量によって変動しない）
> 　　設備の維持費・減価償却費・その他　　　　　　15万円
>
> 　さて、配食サービスの1か月の活動増減差額がトントンになるには、月当たり何件の利用者があればよいでしょうか。なお、初期費用及び金利については、考慮する必要はありません。

### ★ 例題－1 の考え方★

**考え方1**　「変わるもの」と「変わらないもの」を区分して考えてみる

　このような活動増減差額に係る問題は、何が「変わるもの」で、何が「変わらないもの」なのかを峻別することが大切です。
　そうすると、利用件数によって変動するのは、①と②、そして③であることが分かります。他方、利用件数によって変動しないのは④と⑤であることが分かります。

**考え方2**　変わらないもの＝固定的な費用を明確にする

　では、利用件数によって変わらない、固定的費用は、いくらになるでしょうか。例題の場合は、④と⑤の人件費及び諸費用の合計75万円です。

　この75万円は、利用件数が多かろうが少なかろうが、毎月一定金額が発生します。したがって、その月の利用件数がゼロであっても、数千件であっても、この75万円の費用には変動がありません。

　このように、利用件数に関わりなく発生する費用を**固定費**といいます。「利用件数に関わりなく発生する」ので、利用件数がゼロであった場合の月間活動増減差額は「マイナス75万円」ということになります。

　また、**固定費**に対して、利用件数に応じて変動する費用を**変動費**といいます。この場合の利用件数1件当たりの変動費は、材料費等が140円、オシボリが10円で、合計150円となります。この金額は「1件当たり」なので、件数の変動によって「変わるもの」ですね。

---

**考え方3** 利用件数が1件ごとに、活動増減差額がいくら変動するかを考える

---

　さきほど、『利用件数がゼロであった場合の月間活動増減差額は「マイナス75万円」ということになります。』と書きましたが、では、利用件数が1件だけだった場合、その月の活動増減差額はいくらになるでしょうか？

　1件当たり収入は、利用者負担金収入450円です。そして、変動費が150円。つまり、1件当たりの活動増減差額は、次のようになります。

$$450円 - 150円 = 300円$$

　そうすると、利用件数が1件だけだった場合、その月の活動増減差額は、

$$△75万円 + 300円 = △749,700円　（赤字）$$

ですね。

　同じように、利用件数が2件だった場合の、その月の活動増減差額は、

$$△75万円 + 600円 = △749,400円　（赤字）$$

となります。

　つまり、利用件数が1件増えるたびに、プラス300円の活動増減差額が生じます。では、75万円の**固定費を、ちょうどカバーする利用件数**は、一体何件でしょうか。

　そうですね。75万円を300円で割って、2,500件！

　これが、ちょうど、活動増減差額がトントンになる利用件数です。

一般の企業会計では活動増減差額を「損益」といい、それがプラスの場合には「利益」（俗に「黒字」）、マイナスの場合には「損失」（俗に「赤字」）といいます。

1件当たりで増減する活動増減差額を**限界活動増減差額**（一般の企業会計では**限界利益**）といいます。「限界」というのは「あと1件増えたら」という意味での「限界」です。

活動増減差額がどうなるかを考える上では、**固定費**と**限界活動増減差額**との関係に着目することがとても大切です。

　以上のように、「固定費を限界活動増減差額で回収する」、と考えるのです。この関係を図示すると、次のようになります。

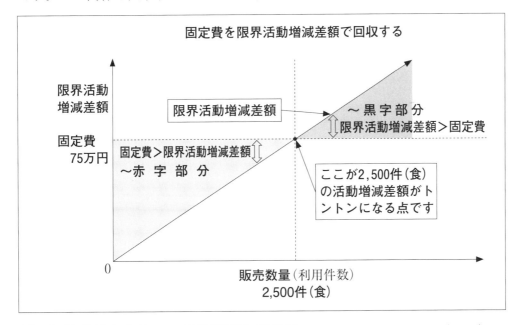

固定費を限界活動増減差額で回収する

限界活動
増減差額

固定費
75万円

限界活動増減差額

～ 黒 字 部 分
限界活動増減差額＞固定費

固定費＞限界活動増減差額
～ 赤 字 部 分

ここが2,500件（食）
の活動増減差額がトントンになる点です

0

販売数量（利用件数）
2,500件（食）

「限界活動増減差額」のことを、一般の企業会計では「限界利益」というのですが、場合によっては、「粗利」と表現していることもあります。

## ⑵　損益分岐点を使って事業計画を考える

　上の図で、破線（…）で示された横線は、固定費を表しています。【例題1】の場合、パートさんの人件費と利用件数によって変動しない費用（維持費、減価償却費等）の月額合計75万円が、固定費です。利用件数がゼロでも、毎月75万円が必要であり、利用件数がゼロであれば、固定費分だけが赤字になります。

　また、上の図で、実線で示された0点から斜上への矢印（↗）は、限界活動増減差額を表しています。【例題1】の場合、1食の利用料金が450円で、これにかかるコストは、材料費と加工費が1食140円、利用者に出すオシボリ代が1本10円で、合計150円かかりました。1食ご利用いただくごとに、300円（＝450円−150円）の活動増減差額（利益）が出ます。

　実線で示された矢印（↗）部分が破線（…）で示された横線を下回っている間は、その差額がマイナスの活動増減差額を表しており、逆に実線の矢印が破線の横線を上回っている間は、その差額がプラスの活動増減差額を表しています。そして、「75万円÷300円＝2,500件（食）」のときに、固定費75万円が回収され、活動増減差額はちょうどトントンになります。企業会計では、活動増減差額を「損益」というので、このポイントを**損益分岐点**というのです。

実際には、水道光熱費などは、完全な固定費ではありませんが、細かいことを言い出すと計画は組めません。意思決定ができるレベルの粗さでいいのです。

上の図では、2,500件、収益金額でいうと、
450円×2,500食
＝1,125,000円
が損益分岐点です。

それでは、次に利用者が4,000件の場合と、2,000件の場合の活動増減差額を、損益分岐点の考え方で見てみるとどうなるかを、【例題2】で考えてみましょう。

> ◆**例題－2**　活動増減差額の計算
>
> 【例題1】の場合に、次の各々の活動増減差額がどうなるか、損益分岐点の考え方を基に計算してください。
>
> ①　4,000件の利用者があった場合の活動増減差額
>
> ②　2,000件の利用者しかない場合の活動増減差額

①　4,000件の利用者があった場合の活動増減差額

2,500件の利用が損益分岐点です。4,000件、ということは、損益分岐点を1,500件上回っているので、

$$1,500件 \times 300円 = 45万円$$

の活動増減差額のプラスになります。

②　2,000件の利用者しかない場合の活動増減差額

上とは逆に、利用件数が2,000件、ということは、損益分岐点を500件下回っているので、

$$500件 \times 300円 = 15万円$$

の活動増減差額のマイナスになります。

このように、損益分岐点を明確にすることによって、活動増減差額の見通しが極めて簡単に行えることになります。

次のような事業活動計算書を作成すると、上記と同じように答は分かりますが、全体としての理解が困難になります。損益分岐図表の考え方を理解している方が、シミュレーション・判断が簡単になるのです。

| 利用件数4,000件の場合　配食サービス事業1か月当たりの事業活動計算 | | |
|---|---|---|
| 摘　　要 | 金　額　（円） | 備　考 |
| 収益の部 | | |
| 　利用者負担金収入 | | |
| 費用の部 | | |
| 　材料費・比例加工費 | | |
| 　おしぼり代 | | |
| 　人　件　費 | | |
| 　その他固定費 | | |
| 活動増減差額（利益） | | |

# ▐▐▐▐ **2** 損益分岐点と損益分岐点比率

以上の【例題２】をグラフで表すと、次のようになります。

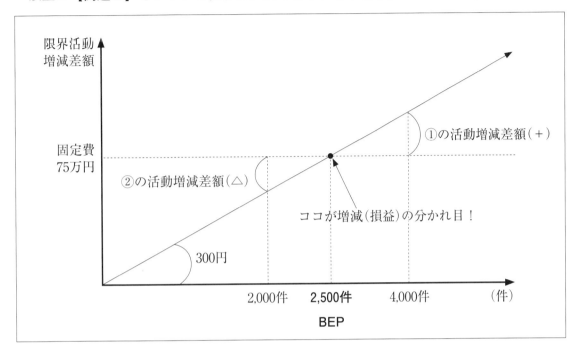

　上の図で、利用件数が2,500件のとき、ちょうど活動増減差額が均衡します。この点が、赤字と黒字の分かれ目であり、それを**損益分岐点**と呼んでいます。採算点ですね。英語では、均衡（イーブン）が崩れる点、ということで、ブレイク・イーブン・ポイント（Break Even Point）、略して**BEP**といいます。

　そして、現在の利用件数（収益）に対して、損益分岐点の利用件数（収益）が何％になるのかを示すのが、**損益分岐点比率**です。

**　　損益分岐点比率＝損益分岐点収益÷現在収益×100％**

　上の図では、現在の利用件数が4,000件である場合の損益分岐点比率は62.5％（2,500件÷4,000件）であり、利用件数が現在の62.5％まで減少しても、活動増減差額がマイナスにはならないことを示しています。

　逆に、現在の利用件数が2,000件である場合の損益分岐点比率は、125％（2,500件÷2,000件）であり、利用件数を現在の125％になるまで増やさないと、活動増減差額が均衡しないことを示しています。

　したがって、損益分岐点比率が小さいほど、経営の健全性が高いということになります。

「損益トントン点」とでも言えば分かりやすいのですが、会計学者は、そんな言い方はお気に召さないようです。

現在の利用件数
×損益分岐点比率
＝損益分岐点件数

# 3 損益分岐点を使って経営改善を考える

　以下では、損益分岐点を使って、具体的な経営改善の方策を考えると、どのようになるのかを見てみます。

### ①　限界活動増減差額率を上げる

　収益に対する限界活動増減差額の割合を、**限界活動増減差額率**といいます。【例題1】【例題2】でいうと、300円（1件当たり限界活動増減差額）÷450円（1件当たり利用料収入）≒66%　です。

　下の図は、限界活動増減差額率を上げることによって、活動増減差額を増加させる場合を示しています。

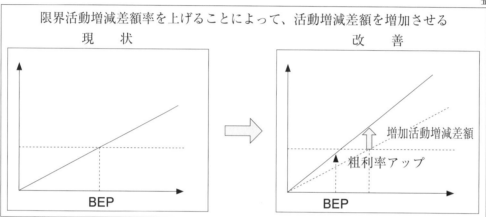

限界活動増減差額率を上げることによって、活動増減差額を増加させる

現　状　　改　善　　増加活動増減差額　粗利率アップ　BEP　BEP

「限界活動増減差額」を上げると、限界活動増減差額率が上がります。限界活動増減差額を上げるには、収益単価を上げる方法と、収益に対する変動費の割合（変動費率）を下げる方法とがあります。

左の図では、限界活動増減差額を「粗利」と記載しています。

　現実には、お客様の満足度を超えて収益単価を設定すると、買ってもらえません。だから、「収益単価はお客様が決める」と考える必要があります。

### ②　利用件数を伸ばす

　下の図は、利用件数を伸ばすことによって、活動増減差額を増加させる場合を示しています。

左に記載した事情から、限界活動増減差額率のアップは、変動費率の低減を図ることが基本です。

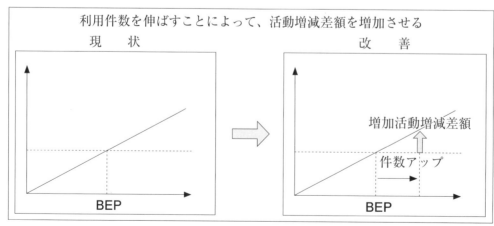

利用件数を伸ばすことによって、活動増減差額を増加させる

現　状　　改　善　　増加活動増減差額　件数アップ　BEP　BEP

では、どうしたら件数アップが実現するでしょうか。

### ③　固定費を下げる

　収入単価も上げられないし、変動費率も下げられない。それでも、活動増減差額を増加させるには、どうすればよいか？　そう、諸費用を見直して切り詰めるなど、固定費を下げることが考えられます。

　下の図は、固定費を下げることによって、活動増減差額を増加させる場合を示しています。

「失われた20年」（？）と言われてきたこの間、多くの民間企業は固定費を下げることで利益を確保してきました。

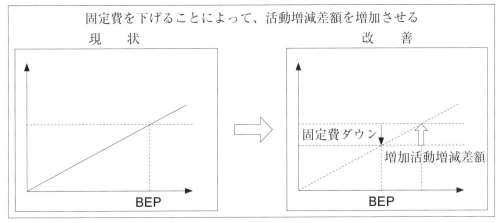

固定費を下げることによって、活動増減差額を増加させる

### ④　有効な投資によって件数アップ、限界活動増減差額率アップを図る

　いわゆる戦略的投資によって、件数アップ、あるいは限界活動増減差額率アップを図り、投資に伴う固定費アップ額以上の限界活動増減差額増加を獲得しようとする戦略です。

　下の図は、有効な投資によって、活動増減差額を増加させる場合を示しています。

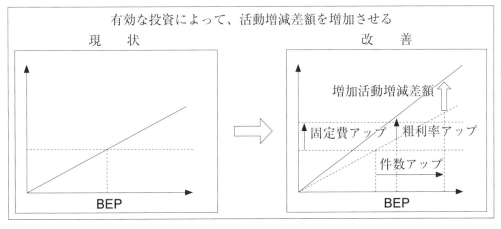

有効な投資によって、活動増減差額を増加させる

左の図では、限界活動増減差額を「粗利」と記載しています。

　広告宣伝（固定費増）によって利用件数アップを図る、良い材料に切り替える（変動費増）ことによって、それ以上の収益単価アップを図る、等々、様々な方策が考えられます。

費用を切り詰めるばかりでは、ジリ貧になる場合もあります。

前頁のグラフでみたことを、次の【練習問題９】で具体的に考えてみ
ましょう。

---

### 練習問題　⑨　出来高補助と定額補助

【例題１】の施設を前提に、下の　設問１　から　設問５　に答えてください。なお、解答に割
り切れない端数がある場合には小数第２位を四捨五入してください。

**設問１**　懸命に頑張った結果、地域の評判もよいということで、市から１件当たり100円の
出来高補助をもらえることになりました。この場合の損益分岐点の利用件数及び販売収益は
いくらになりますか。

【解答欄】　損益分岐点の利用件数 ⬚ 食/月　損益分岐点の販売収益 ⬚ 円

**設問２**　現在の人員と設備では最大限に稼動した場合、１日120食の提供が限界だとすると、
設問１　の場合の損益分岐点の稼働率は何％ですか。（１か月25日で考えてください）

【解答欄】　稼　働　率 ⬚ ％

**設問３**　設問１　の場合に補助金が出来高補助ではなく、毎月15万円の定額補助であった
場合、損益分岐点の月間利用件数と１日当たりの利用件数、そして稼働率はいくらになりま
すか。（補助金は、利用件数にかかわらず定額でもらえるものとします）

【解答欄】　損益分岐点の月間利用件数 ⬚ 食/月　稼　働　率　約 ⬚ ％
同上　１日当たり利用件数 ⬚ 食/日

**設問４**　さらに利用者数が増えてきて１日120食平均となり、職員を増員しないと現場が回
らなくなってきました。このため、調理員と配達係をそれぞれ１名ずつ増員して、人件費が
1.5倍になりました。その代わり、１日当たりの限界稼動数は160食になりました。

　この場合の損益分岐点の月間利用件数とその場合の稼働率はいくらですか（１か月25日で
考えてください）。なお、補助は一切ないものとします。

【解答欄】　損益分岐点の月間利用件数 ⬚ 食/月　稼　働　率 ⬚ ％

**設問５**　設問４　の場合に、4,000食販売可能なら、幾らまで値下げ可能でしょうか。なお、
補助は一切ないものとし、活動増減差額はマイナスにならないことを条件とします。

【解答欄】　値下げ後売価 ⬚ 円

# ４ 損益分岐点の構造を知る

　同じ収益金額、同じ活動増減差額でも損益分岐点比率が違う場合があります。次の二つの図は、同じ活動増減差額ですが、損益分岐点比率が異なります。

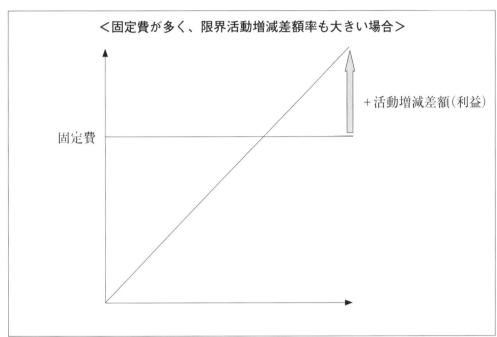

＜固定費が多く、限界活動増減差額率も大きい場合＞

固定費

＋活動増減差額（利益）

高級専門店の多くが左のような形態で、廉価販売スーパーが下の形態と考えると分かりやすいですね。

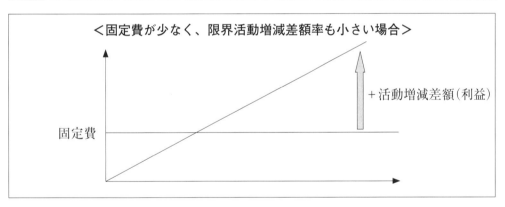

＜固定費が少なく、限界活動増減差額率も小さい場合＞

固定費

＋活動増減差額（利益）

　あるいは、次のような場合もあります。同じ活動増減差額金額であっても、現実の態様は様々です。

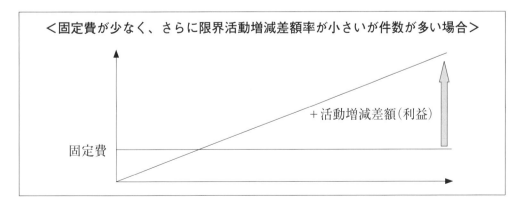

＜固定費が少なく、さらに限界活動増減差額率が小さいが件数が多い場合＞

固定費

＋活動増減差額（利益）

要は、自法人の事業の収支の構造がどのようになっているかを把握することが大切です。

# ▐▌▌▌ **5** 損益分岐点の事業計画への応用

　損益分岐点の考え方を事業計画に生かすことができます。

　その場合の一番大きなポイントは、**事業活動計算書を下から考えるこ**とです。

　つまり、**活動増減差額（利益）は結果ではなく、獲得すべき目標である**と考えることが必要なのです。このことを式で表すと、次のようになります。

---

**収益獲得型の考え方**

**必要収益 ＝ 目標活動増減差額（利益）＋ 必要費用**

---

　上の式は、目標活動増減差額を決め、次いで必要な費用を算定し、結果として、どれだけの収益が必要なのかを計算します。目標活動増減差額を実現するために、必要収益の獲得に注力することになります。

　他方、実現可能収益を前提に、目標活動増減差額を設定し、結果として、どれだけの費用にとどめるべきかを算定する考え方もあります。式で示すと、次のようになるでしょう。

---

**費用抑制型の考え方**

**許容費用 ＝ 実現可能収益 － 目標活動増減差額（利益）**

---

　以上のどちらの式も、目標活動増減差額が先に決まっていることに留意してください。簿記会計では、次のように学びます。

収益－費用＝活動増減差額

　簿記会計では、「収益」・「費用」という事実があり、結果としての活動増減差額が導かれるので、この算式に誤りはありません。

　しかし、「経営」にとっては、活動増減差額は獲得すべき目標なので、経営の観点からは、「収益－費用＝活動増減差額」は誤った考え方だと認識するべきです。

　では、具体的に、事業計画を策定するときに、損益分岐点の考え方をどのように使うのかを、次の頁で見てください。

① 目標活動増減差額（利益）を決める

　「今後の事業展開のために、これだけは必要」、あるいは「今後の施設整備・設備整備のために、これだけは必要」といった観点から目標活動増減差額を設定します。

② 必要な固定費を見積もる

　過去の実績にとらわれず、ゼロベースで必要な費用とその効果とを考えて積み上げます。

③ 収益単位当たり限界活動増減差額（率になおすと限界活動増減差額率）を考える

　多事業（あるいは多品種）を営んでいる場合には、主力事業を中心に、加重平均などから考えます。

④ 必要限界活動増減差額（①＋②）を、単位当たり限界活動増減差額③で除して必要販売数量を求める

　なお、必要限界活動増減差額を限界活動増減差額率で除すと、必要収益金額が求まります。

⑤ それぞれの実現可能性を具体的に検討する

　必要収益金額の獲得が不可能なら目標活動増減差額は獲得できません。また、具体的に何をどうするのか、その結果としての単位当たり収益単価、変動費、トータルの固定費を算出することが必要です。計画が抽象的では、行動に移せません。

　そのようにして、具体的行動計画にまで結びつけて実現可能と判断できるまで、②から④の作業を繰り返します。

事業の性質上、販売数量単価が決まっている場合には、上の手順で固定費・変動費を見直します。

⑥ 具体的行動計画を実践する

　以上のように計画が策定できたら、後は実践あるのみです。なお、実行過程にあっては、計画されたとおりに実行されているか、行動計画をチェック（評価）するシステムの構築が必要でしょう。このようなチェックは、月次で行うべきで、事業年度が終了してから行うのでは、文字どおり「後の祭り」になります。

月次決算は、とても大切ですね。

# 6　変動費・固定費と総費用

　前頁まで、損益分岐点分析の考え方、使い方を見てきました。以下では、変動費・固定費などについて整理します。

　事業収益や販売量などの営業量の増減に対する費用（一般企業では、費用＝原価＝コスト　です）発生の態様を「コスト・ビヘイビア（Cost Behavior）」といいます。したがって、「損益分岐点分析」は、コスト・ビヘイビアを分析することによって、営業量（操業度）と活動増減差額（利益）との関係を明瞭・簡潔に把握するための管理方法なのです。

　営業量（操業度）と発生の態様から費用を分類すると、営業量の増減にかかわらず変動しない費用要素が**固定費**であり、営業量の増減に比例して変動する費用要素が**変動費**です。

営業量の程度を、製造業では「操業度」といいます。

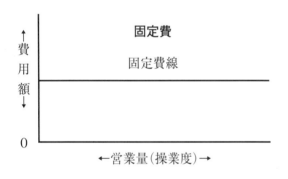 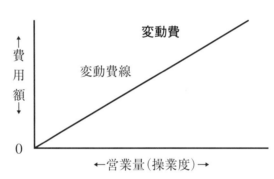

　固定費と変動費の両方の性格をもつ費用要素は、準固定費又は準変動費と呼ばれます。

　例えば、67頁の【**例題1**】の調理員人件費のように、一定営業量までは2人の調理員で足りるが、それ以上の営業量になると調理員がもう1人必要になるという場合があります。図示すると、右の図のようなコスト・ビヘイビアとなります。

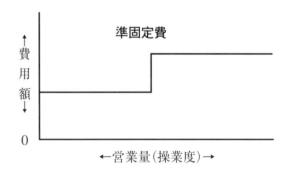

　この種の費用要素は、固定費的色彩が強いので**準固定費**と呼ばれます。

　また、固定費と変動費の両方の性格をもつ費用要素の例として、電力料をあげることができます。電力料は、営業量がゼロの場合にも、一定額が発生する固定的部分（基本料金）と、使用量に比例して発生する部分とがあります。このような費用のコスト・ビヘイビアは、変動費に似ているので、**準変動費**と呼ばれます。

準変動費については次頁の図を見てください。

　右に示すのが、準変動費を表すグラフです。

　準変動費は、基本料のような固定費部分と、使用量に比例する変動費部分とに分解することができます。

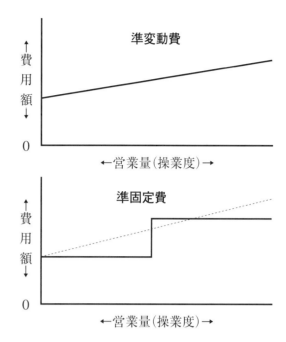

　また、準固定費も、右下の図のような点線のようにみなすことによって、固定費部分と変動費部分とに分解することができます。

　損益分岐点分析では、すべての費用を変動費と固定費とに分解しなくては分析を行うことができず、このような分解が必要となります。

　しかし、すべての費用項目について、このような固定費部分と変動費部分とを分解をするのでは、理論的にはともかく、実務としては使い物になりません。

　もともと、損益分岐点分析は、一定範囲内の営業量を前提に分析がなされるもので、その想定範囲の営業量において固定的費用であるか変動的費用であるかが分かれば良いのです。

　そのように考えると、想定営業量の範囲内で、営業量に対応して比例的に発生する費用のみを変動費とし、その他の費用は固定費であると割り切ることが実務的には大切です。69頁の欄外にも記載しましたが、例えば、水道光熱費は完全な固定費ではありませんが、サービス活動収益との明確な比例関係が認められないのであれば、固定費だと割り切ってしまうのです。

　なお、総費用（固定費＋変動費）とサービス活動収益との関係で損益分岐点を示すと、右のような損益分岐図表となります。

　今までの頁に出ていた図表と、どのようにつながっているかを理解しておいてください。

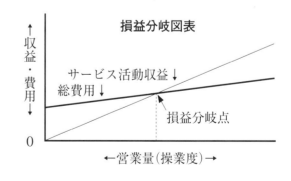

---

**練習問題 ⑩** 損益分岐点分析を使った事業改善策の検討

C社会福祉法人（以下「C法人」という。）は、配食サービス事業を行っており、同事業の現状の事業活動計算書は次のとおりです。

現状の事業活動計算書（配食サービス事業）

| 摘要 | 科目・項目 | 金額（円） | 備　　考 |
|---|---|---|---|
| 収益 | 配食事業収益 | 51,300,000 | 600円／食×年間85,500食 |
| 費用 | 人件費等 | 19,200,000 | 月額給与等20万円×12か月×8名 |
| | 食材費 | 23,512,500 | 275円／食×年間85,500食 |
| | 消耗品費 | 855,000 | 10円／食×年間85,500食 |
| | その他諸費用 | 9,528,000 | 設備費等（全額固定費） |
| | 費用合計 | 53,095,500 | |
| 活動増減差額 | | △1,795,500 | |

※年間の最大提供可能食数は100,000食である。

現状の活動増減差額は△1,795,500円であり、下記の⑴から⑶で当該配食サービス事業の改善策を検討します。

⑴から⑶の記述にある空欄(ア)から(テ)に、適当な語句あるいは数値を記入してください。ただし、(ア)から(カ)については、下に示す語群の中から適当な語句を選んでください（同じ語句を2度使用してもかまいません）。また、パーセント（％）を求める解答については小数第2位を四捨五入して小数第1位までを記入してください。

なお、解答記入欄は、82頁にあります。

語群

| 実現可能収益　　　　目標活動増減差額　　　　必要収益　　　　必要費用　　　　許容費用 |
|---|

⑴　損益分岐点分析

損益分岐点分析は、C法人の配食サービス事業の改善策を検討するのに有効な手段であるといえる。その考え方には、①収益獲得型と②経費抑制型の2つがあり、算式にすると以下のとおりになる。

①　収益獲得型

（　　ア　　）＝（　　イ　　）＋（　　ウ　　）

②　経費抑制型

（　　エ　　）＝（　　オ　　）－（　　カ　　）

現状の配食サービス事業の費用を変動費と固定費に分類すると、変動費は（　　キ　　）円、固定費は（　　ク　　）円となり、変動費率は（　　ケ　　）％、限界活動増減差額率は（　　コ　　）％となる。また、現状の配食サービス事業の稼働率は（　　サ　　）％である。

(2)　配食サービス事業の改善方法の検討

現状では、配食サービス事業の活動増減差額は△1,795,500円になっているが、当該事業の活動増減差額を0円にするために、以下の①～④の方法を考えている。

①　利用件数を増やして改善する方法

現状の事業活動計算書を検討すると、利用者に対し1食当たり600円、年間85,500食を提供している。利用者が負担する1食当たりの単価、1食当たりの食材費の単価、1食当たりの消耗品費の単価、固定費が不変の場合、C法人は利用者に対して年間（　　シ　　）食を提供すれば、当該配食サービス事業の活動増減差額を0円にすることができる。

②　限界活動増減差額率を上げて改善する方法

現状の事業活動計算書を検討すると、限界活動増減差額率は（　　コ　　）％であり、利用者が負担する1食当たりの単価及び年間提供食数、固定費が不変の場合、C法人は限界活動増減差額率を（　　ス　　）％にすれば、当該配食サービス事業の活動増減差額を0円にすることができる。

③　固定費を下げて改善する方法

現状の事業活動計算書を検討すると、固定費は（　　ク　　）円であり、利用者が負担する1食当たりの単価及び年間提供食数、1食当たりの食材費の単価、1食当たりの消耗品費の単価が不変の場合、C法人は固定費を年間（　　セ　　）円にすれば、当該配食サービス事業の活動増減差額を0円にすることができる。

④　固定費の増額以上に限界活動増減差額を稼いで改善する方法

当該配食サービス事業において、調理等に従事している者を8名から10名にすれば、最大提供可能食数が15％増加できると考えている。ただし、その場合、人件費等の固定費は年間3,150,000円増加することになる。

当該改善方法では、利用者が負担する1食当たりの単価、1食当たりの食材費の単価、1食当たりの消耗品費の単価が不変の場合、C法人は利用者に対して年間（　　ソ　　）食を提供すれば、当該配食サービス事業の活動増減差額を0円にすることができる。その場合の稼働率は（　　タ　　）％であり、変動費は（　　チ　　）円になる。

(3) 具体的な改善内容

上記(2)①〜④までの配食サービス事業の改善方法があるが、綿密に調査を実施したところ、以下のことが判明した。

① 1食当たりの利用者負担金については、増額することはできない。
② 稼働率については、87.0％にできる。
③ 人件費等については、従事者の増加及び削減、1人当たりの月額給与等を削減することはできない。
④ 消耗品の単価を1割低減できる。
⑤ その他諸費用を見直ししたところ、月額66,750円を削減できる。

上記①〜⑤までの事項がすべて実現した場合、C法人の配食サービス事業の活動増減差額を0円にするためには、現在275円を要している1食当たりの食材費を（　ツ　）円にし、変動費率を（　テ　）％にする必要がある。

【解答欄】

| (1) | (ア) | |
| | (イ) | |
| | (ウ) | |
| | (エ) | |
| | (オ) | |
| | (カ) | |
| | (キ) | 円 |
| | (ク) | 円 |
| | (ケ) | ％ |
| | (コ) | ％ |
| | (サ) | ％ |

| (2) | (シ) | 食 |
| | (ス) | ％ |
| | (セ) | 円 |
| | (ソ) | 食 |
| | (タ) | ％ |
| | (チ) | 円 |
| (3) | (ツ) | 円 |
| | (テ) | ％ |

※損益分岐図表を描いて参考にしてみてください。

# IV

# 意思決定のための会計

意思決定は、事実認識（判断）と選択（決断・決定）という過程に大別されます。会計的事実認識（判断）が、そのまま意思決定となるわけではありません。しかし、合理的な意思決定のためには、前提として的確な事実認識（判断）が必要です。

財務管理は、会計的側面からの事実認識（判断）を行い、経営意思決定のための判断資料を提供します。

# ▏▎▍ **1** 事実認識（判断）と選択（決断・決定）

事業活動は、一定の資金を投下して行われます。そして、事業活動によって多くの資金が獲得されればされるほど、その事業をより大きく拡大することができますし、事業活動に伴って資金が減少し続けると事業が継続できなくなります。したがって、事業継続を考える限り、資金が増加するか、減少するかというキャッシュ・フローが経済的な判断基準になります。

もう一つ重要な判断基準として時間軸がありますが、そのことは後に取りあげるとして、簡単な例題から入りたいと思います。

> ここでのキャッシュは「支払資金」よりも狭い概念で、「現金預金」と理解しておいてください。

### ◆例題－1　志織さんの選択

旅行会社に勤務している志織さんは、現在、Ａ様の プランＡ 「乗馬を楽しむ秋の行楽」とＢ様の プランＢ 「映画とアフターヌーンティーを楽しむ都会の秋」の二つの旅行プランを担当しています。ところが、お客様の都合で旅行日が同じ日になってしまいました。

会社としては、どちらのお客様も大切なのですが、どちらかのプランに志織さんが同行するようにと言われています。

同行には会社から休日手当が支給され、 プランＡ は乗馬を伴うので、乗馬の心得のある志織さんには業務手当10,000円が加算されます。しかし、いずれのプランの場合も、お客様にご満足いただくためには、自己負担となる出費を覚悟しなくてはならないと、志織さんは考えています。

なお、日頃お世話になっているので、どちらのプランに参加する場合であっても、志織さんは以前に旅行で買っておいた10,500円のネクタイをプレゼントに持っていくつもりでいます。

志織さんのノートには、次のようなメモがあります。

| 区分 | プランＡ | | プランＢ | |
|---|---|---|---|---|
| (1)　収入 | ・休日手当<br>・業務手当 | 10,000円<br>10,000円 | ・休日手当 | 10,000円 |
| (2)　支出<br>（自己負担分） | ・地下鉄乗車券<br>・馬のエサ代 | 400円<br>800円 | ・ＪＲ料金<br>・ティー代金等 | 1,000円<br>3,000円 |

さて、志織さんはどちらの旅行プランへの同行を選ぶのでしょうか。

志織さんのノートからキャッシュ・フロー計算書を作ってみます。収入から支出を差し引いて収支を求めると、次のようになりました。

### プランA ・ プランB を選択するための比較キャッシュ・フロー計算書

| 摘要 | プランA | | プランB | | 差額（ A － B ） | |
|---|---|---|---|---|---|---|
| 収入 | | 円 | | 円 | | 円 |
| | 休 日 手 当 | ＋ 10,000 | 休 日 手 当 等 | ＋ 10,000 | | |
| | 業 務 手 当 | ＋ 10,000 | － | － | | |
| | 収　入　計 | ＋ 20,000 | 収　入　計 | ＋ 10,000 | 収 入 差 額 | ＋ 10,000 |
| 支出 | 交 通 費 | △　　400 | 交 通 費 | △ 1,000 | | |
| | 馬のエサ代 | △　　800 | お 茶 代 | △ 3,000 | | |
| | 支　出　計 | △ 1,200 | 支　出　計 | △ 4,000 | 支 出 差 額 | ＋ 2,800 |
| 収 支 差 額 | | ＋ 18,800 | 収 支 差 額 | ＋ 6,000 | 収支差額計 | ＋ 12,800 |

> 支出、つまりCash Outには△をつけています。また、収入、つまりCash Inには＋をつけています。
> 表の収支の差額は、プランA を選択した場合の、プランB との比較における実質的Cash In を示しています。
>
> また、いずれのプランも催行時期は同じですので、時間軸については考慮していません。

ネクタイ代は、既に買ってあるもの（支払済み）なので、どちらのプランを選択しても結果に影響しないため、上の計算からは除いています。

さて、収支の差額を見ると、プランA を選んだ方が、プランB を選んだ場合に比べてキャッシュ・フローは12,800円多くなるという結果がでました。この結果を受けて、キャッシュ・フローに基づいて選択するならば、プランA を選択することになります。

しかし、志織さんは迷っています。というのも、志織さんの頭の中には、次のような情報があったからです。

　A様について：5年来のお付合いだが、気難しい方でよく叱られる。

　B様について：10年来のお付合いで、周囲の人にやさしく、我社の社員にもファンが多い。

結局、プランB に同行しようと、志織さんは決めました。

現実の意思決定の現場でも、利用者満足の観点から、経済的には不利な方法をあえて選択する場合もあります。しかし、経済的には、どちらが有利であるのか不利であるのか、そして、その金額は如何ほどであるのかを見極めて、最終決断をくだす必要があります。志織さんの場合も、収支の差額がもっと多額であったなら、判断が異なったかもしれません。

> 経済的判断と、最終の意思決定が異なった事例ですね。

このように、財務管理は、事実認識（判断）について計数的側面の材料を提供しますが、最終意思決定は別物だということに留意してください。しかし、選択しようとすることが、金額的にどのような結末をもたらすのかを認識しておくことは必要です。

# 2 意思決定における原価の概念

## (1) 原価の概念

一般に、収益を獲得するために必要な費用を「原価」と呼んでいます。

意思決定に当たっては、意思決定に重要な影響を及ぼす原価と、度外視してよい原価を区別することが大切です。以下では、意思決定のために利用される代表的な原価概念について説明します。

### ① 差額原価

意思決定の結果によって変化する原価を**差額原価**といい、意思決定のために利用される代表的な原価概念です。典型的な差額原価としては、変動費が挙げられます。しかし、追加人員を補充するなどの場合には、固定費も変動するので差額原価となります。「意思決定によって変化する」のが差額原価です。

### ② 機会原価

さまざまなオプション（選択権）の中から一つを採用した場合、選択しなかった選択肢から得られるはずの最大の利益を**機会原価**といいます。

**例題－1** の志織さんは、プランB を選んだ結果、プランA を選んだ場合に得られたであろう収支差額18,800円を得られないことになりました。いわば、18,800円を犠牲にして プランB を選んだわけで、ここで犠牲にした18,800円が**機会原価**です。

18,800円という犠牲（＝機会原価）があったことによって＋6,000円の収支差額を得たので、これらの差額12,800円が、プランB を選択したことにより生じた損失だということになります。

### ③ 埋没原価

上の二つと異なり、意思決定の結果によって変化しない原価を**埋没原価**といいます。意思決定においては、無視してよい原価です。

**例題－1** の志織さんの場合、予め買ってあったネクタイについては、どちらのプランを選択しても回避できないので、計算過程から除外しました。埋没原価は、このように既に支出しており、今後の選択に関係しない原価です。

「原価」は、英語で「コスト（cost）」と言った方が、分かりやすいかもしれませんね。

機会原価は「逸失利益」です。得られるはずの利益を犠牲にして現在の選択をしているので、その犠牲にされた利益を機会原価と呼んでいるのです。

86頁上のキャッシュ・フロー計算書を見ると、プランBを選択した志織さんの活動増減差額は6,000円のプラスです。財務会計的には、それで正しいのですが、経済的には機会原価の18,800円を考慮して12,800円の損失を生じていると評価されます。

## (2)　異なる目的には異なる原価

　会計情報から提供される原価は、過去の原価記録です。そこにおける原価は、「既支出原価」という本質をもっています。既支出原価は、過去に支出された貨幣額として測定された原価の概念です。このような原価概念は、過去の経営成績等を表す財務諸表を作成するという目的には最も有用な原価概念です。しかし、意思決定は未来に向かってなされるものですので、すでに終わってしまった過去の原価を将来の意思決定に使うことはできません。意思決定のための判断には、「異なる原価」が用いられるべきです。

　そのことを、いくつかの例題で見て行きましょう。

「異なる目的には異なる原価」が用いられるべきということもあり、書物によってはたくさんの原価の概念や呼び方が登場します。

様々な用語が登場しても、所詮は人間が考え出したもの。難しそうといって逃げ出す必要はありません。

**例題－2**　コピー枚数はどれくらいでしょうか？

　ある社会福祉法人で、どちらのコピー機をリースするべきかを検討しています。リースの条件は、次のとおりです。どちらが、どのような場合に有利になるでしょうか。

　なお、リースの会計処理は、通常の賃貸借処理によるものとします。

| 摘　要 | Ａコピー機 | Ｂコピー機 |
|---|---|---|
| リ　ー　ス　料　金 | 6万円/月 | 8万円/月 |
| カ　ウ　ン　タ　ー　料　金 | 3円/枚 | 2円/枚 |
| リ　ー　ス　期　間 | 5年 | 5年 |

　この場合も、意思決定に影響を及ぼす原価としての差額原価を求めます。

| 摘　要 | Ａコピー機 | Ｂコピー機 | 差　額 |
|---|---|---|---|
| リ　ー　ス　料　金 | 6万円/月 | 8万円/月 | 2万円/月（Ａが有利） |
| カウンター料金 | 3円/枚 | 2円/枚 | 1円/枚（Ｂが有利） |

　以上から、1か月当たりの印刷枚数がある一定枚数を超えるとＢコピー機が有利で、それに満たない場合はＡコピー機が有利であることが判明します。そして、その境界線は、2万円÷@1円＝20,000から、20,000枚であることがわかります。したがって、1か月当たりの印刷枚

数が20,000枚未満であればＡコピー機が有利で、20,000枚を超えるとＢコピー機が有利である（20,000枚の場合は、どちらであっても同じ）という答えが導き出されます。

なお、20,000枚を営業日数で割ると１日当たりの枚数が算定できます。その枚数が普段印刷している枚数と比較して、多いのかあるいは少ないのかが、コピー機選択の判断基準になりそうです。

> 例えば、営業日数を25日/月とすると、800枚/日となりますね。

---

### 例題－3　デザートは手作りにしますか？

　ある特別養護老人ホームでは、月6,000食の食事を提供しています。今までは、食事にデザートをつけていなかったのですが、これからはデザートをつけたいと考えています。

　そこで、デザートを厨房で手作りにするか、あるいは同等の品質のものを洋菓子メーカーから購入するか、いずれを選択すべきか検討することになりました。それぞれの条件は、次のとおりです。

・洋菓子メーカーから購入すると、１食当たり30円必要です。
・厨房で作ると１食当たり、直接材料費10円、直接作業時間１分が必要です。
・厨房がフル稼働のため、時間外作業でデザートを作ることになります。
・時間外作業手当は、賃率の25％増しです。
・厨房職員１人当たりの賃率は、１時間当たり860円です。

---

この場合も、意思決定に影響を及ぼす原価としての差額原価を求めます。

| 摘　要 | 手作りのお菓子 | 洋菓子メーカーのお菓子 | 差　額 |
|---|---|---|---|
| 直接材料費 | ※1　60,000円 | － | 60,000円 |
| 直接人件費 | ※2　107,500円 | － | 107,500円 |
| 外部購入費 | － | ※3　180,000円 | △　180,000円 |
| 合計 | 167,500円 | 180,000円 | △　12,500円 |

> ※1　10円×6,000食
> ※2　6,000食×1分/食
> 　　＝6,000分＝100時
> 　　100時×860円/時×
> 　　1.25＝107,500円
> ※3　6,000食×30円/食
> 　　＝180,000円

　この施設の場合、手作りによる方が洋菓子メーカーのお菓子を購入するよりも有利ですが、もし意思決定を誤ると、毎月12,500円だけ本来必要ではない支出が生じてしまいます（年間にすると、15万円です）。

　これに気付かず漫然と10年を過すと、150万円の不要な支出を行ってしまうことになります。

> 支出も収入も、小さい額でもおろそかにできません。小さな積上げが、大きな違いを生むのです。

**練習問題 ⑪ 差額原価の分析**

　ある施設では、食事にデザートを提供することを考えています。同等のデザートは外部購入が可能ですが、購入には1食当たり25円が必要となります。他方、現在の厨房はフル稼動の状態のため、考えているデザート（1か月当たり3,600食）を自家製造するには、すべて時間外作業で行うことが必要となります。また、時間外作業手当は賃率の25％増しと決まっています。

（自家製造に関する資料）　デザート1食当たり　直接材料費　15円　　直接作業時間　1分

　　　　　　　　　　　　　厨房職員1人当たりの賃率　1時間当たり800円

**設問1**　上の資料を参考にして、このデザートを自家製造すべきか、外部購入とすべきかについて、次の1か月間の差額原価分析比較表を完成してください。

差 額 原 価 分 析 比 較 表

| 摘　要 | 自家製造 | 外部購入 |
|---|---|---|
| | 円 | 円 |
| 直接材料費 | | |
| 直接人件費 | | |
| 外部購入費 | | |
| 合　計 | | |

**設問2**　上の場合において、自家製造あるいは外部購入のうち、不利な方を選択した場合、有利な方を選択した場合に比較して活動増減差額はいくらのマイナスとなるか、次の文章の空欄にあてはまる数値を記入してください。

　　不利な方を選択した場合、有利な方を選択した場合に比較して、活動増減差額は月当たり◻◻◻◻円のマイナスとなり、年額に換算すると◻◻◻◻円のマイナスを生じることになる。

**設問3**　次の文章の空欄にあてはまる適切な語句を記入してください。

　　上の場合と異なり、現在の厨房が手余り状態で、自家製造しても人件費に増減が生じない場合、直接人件費は、変動費との対比では◻◻◻◻であり、意思決定においては、◻◻◻◻原価として扱われることになる。

　【例題3】あるいは、【練習問題11】では、厨房がフル操業の状態でしたので、時間外手当を考慮する必要がありました。しかし、もしも施設が手余りの状態である場合（固定給を支払っている職員の時間に余剰がある場合）には、時間外手当を考慮する必要はありません。手余り状態にある施設は少ないと思いますが、選択の如何によって、何が変動する金額なのかということには、十分に意識を向けておく必要があります。

　また、差額原価を計算した結果が、そのまま最終的意思決定となる訳ではないことにも留意が必要です。例えば、【例題3】の計算結果とは逆で、外部購入の方が有利であるとの結果が出たとしても、当該施設の方針によっては、あえて手作りとするとの結論になるかもしれません。

　差額原価の分析は、貨幣評価可能な価値に関する判断指針を提供してくれます。しかし、「できたて」・「手作り」といった質的要素は計測できません。

手余りか手不足かで計算する対象・金額が変ります。基本的には、無理のないフル操業状態を目指すことが望ましいと思われます。

### 例題-4　仕出し屋さんのご飯も食べてみたい？

　ある施設では、施設の厨房で作った3種類の献立を昼食として50食ずつ提供しています。ところが、仕出し屋さん（営利企業）が同等の食事を提供しましょうと、施設に提案してきました。基本的なデータは次のとおりですが、仕出し屋さんのご飯に切り替えた方がよいのでしょうか。なお、一部の献立だけ仕出し屋さんのものにするという選択もできます。

　また、固定費は提供数で按分（ただし、カレーライスは簡単なので半分に換算）しています。

| 摘　要 | 日替わり(魚) | 日替わり(肉) | カレーライス | 厨房合計 |
|---|---|---|---|---|
| 変動費(材料・労務費等) | 8,000円 | 6,000円 | 5,000円 | 19,000円 |
| 固定費(リース料等) | 4,800円 | 4,800円 | 2,400円 | 12,000円 |
| 固定費(減価償却費) | 1,200円 | 1,200円 | 600円 | 3,000円 |
| 製造費用　計 | 14,000円 | 12,000円 | 8,000円 | 34,000円 |
| 提供食数 | 50食 | 50食 | 50食 | 150食 |
| 製造単価 | 280円 | 240円 | 160円 | |
| 仕出し屋さん提供単価 | 260円 | 245円 | 175円 | |
| 単価差 | +20円 | △　5円 | △　15円 | |

　一見すると、日替わり定食（魚）の製造単価が仕出し屋さんの提供単価を上回っており、日替わり定食（魚）だけを仕出し屋さんに切り替えることが有利なようです。しかし、本当にそうなのでしょうか？

　日替わり定食（魚）だけを、仕出し屋さんのものに切り替えた場合の計算結果は、次のようになります。

| 摘　　要 | 日替わり(魚) | 日替わり(肉) | カレーライス | 厨房合計 |
|---|---|---|---|---|
| 変動費(材料・労務費等) | | 6,000円 | 5,000円 | 11,000円 |
| 固定費(リース料等) | | 8,000円 | 4,000円 | 12,000円 |
| 固定費(減価償却費) | | 2,000円 | 1,000円 | 3,000円 |
| 製造費用　計 | （購入） | 16,000円 | 10,000円 | 26,000円 |
| 提供食数 | | 50食 | 50食 | 100食 |
| 製造単価 | | 320円 | 200円 | |
| 仕出し屋さん提供単価 | | 245円 | 175円 | |
| 単価差 | | 75円 | 25円 | |

　日替わり定食（肉）もカレーライスも、仕出し屋さんから購入する方が有利になってしまいました。どうして、このような計算結果になるのでしょうか。

　原因は、固定費であるリース料等と減価償却費は、献立の一部を外注にまわしても総額は減らないことにあります。上の計算は、固定費を外注しなかった残りの献立に配賦しているので、このような結果になりました。では、正しい意思決定のためには、どのようなデータが必要なのでしょうか？

　固定費であるリース料と減価償却費は、いずれを選択しても生ずるもので、埋没原価であることがわかります。これに着目して計算すると、全てを厨房で作る方が有利という結果になります。

単位当たり固定費の負担は、操業度の相違によって変動します。このような操業度による固定費負担の差異を「操業度差異」といいます。

| 摘　　要 | 日替わり(魚) | 日替わり(肉) | カレーライス | 厨房合計 |
|---|---|---|---|---|
| 変動費（材料・労務費等） | 8,000円 | 6,000円 | 5,000円 | |
| 提供食数 | 50食 | 50食 | 50食 | |
| 差額原価/1食 | 160円 | 120円 | 100円 | |
| 仕出し屋さん提供単価 | 260円 | 245円 | 175円 | |
| 単価差 | △100円 | △125円 | △75円 | |

**例題−5**　カレーライスは安くなりませんか？

　【例題４】の施設の厨房で作られた３種類のメニューは、全て平等に１食400円で利用者に提供されています。

　カレーライスについては、利用者にとって割高感があり、根強い値下げの要望が寄せられています。カレーライスを320円へ値下げするのにあわせて、現在、50食ずつ提供している３種類のメニューの提供数を見直したいと考えています。

　製造時間数に制約があり、３種類のメニューの提供可能総数は150食が限界ですが、損益上は、メニューごとに何食ずつ提供することが有利になるでしょうか。なお、１食当たりのデータは、次のようになっており、それぞれのメニューには材料の仕入の関係から提供可能食数の制約があります。

| 摘　　要 | 日替わり(魚) | 日替わり(肉) | カレーライス |
|---|---|---|---|
| 利 用 者 負 担 金 収 益 | 400円 | 400円 | 320円 |
| 変動費（材料・労務費等） | 160円 | 120円 | 100円 |
| 固 定 費 （リース料等） | 96円 | 96円 | 48円 |
| 固 定 費 （減価償却費） | 24円 | 24円 | 12円 |
| 提 供 可 能 食 数 | 60食 | 70食 | 75食 |

　どのメニューを提供するのが有利であるかを判断するためには、埋没原価を除外して、メニュー別の１食当たりの活動増減差額を計算します。

　それぞれのメニュー別の１食当たり個別活動増減差額は、次のように計算できます。

| 摘　　要 | 日替わり（魚） | 日替わり（肉） | カレーライス |
|---|---|---|---|
| 収　　　　　益 | ＋400円 | ＋400円 | ＋320円 |
| 費　　　　　用 | △160円 | △120円 | △100円 |
| メニュー別１食当たり<br>個 別 活 動 増 減 差 額 | ＋240円 | ＋280円 | ＋220円 |

　以上から、日替わり定食（肉）、日替わり定食（魚）、カレーライスの順で提供していくことが有利とわかります。ただし、提供可能食数に制約がありますので、日替わり定食（肉）を70食、日替わり定食（魚）を60食、カレーライスを20食（＝150食−70食−60食）ずつ提供することが有利であるという結論が得られます。

　ただ、答えとしては経済合理的には、この結論が正しいと言えますが、利用者の自己決定という観点からはどうでしょうか。多くの利用者がカレーを希望している場合もあります。メニューと値段に関するアンケートを実施するなど、実際に変更する際には配慮が必要です。

判断と、決断とは別物ですね。

---

**例題－6** ロードトビーフに加工しましょうか？

　ある施設では、就労支援事業として食肉加工を行っています。現在、牛一頭から下記資料のように、上肉と並肉とに精肉して販売しています。

・牛一頭の原価は80万円

・牛一頭から上肉100kg、並肉100kgが平均的に加工処理される

・販売単価は、上肉6,000円／1kg、並肉3,000円／1kg

　しかし、現状のサービス活動増減差額では、利用者に十分な工賃を払うことができないので、生で販売している並肉を更に加工し、ロードトビーフとして販売することを検討しています。

　100kgの並肉から80袋のロードトビーフができ、売価は一袋当たり5,000円になりますが、ロードトビーフに加工するには、新たに追加的な加工費が80,000円必要となります。

　作業所の主任は、次のような計算結果から、ロードトビーフに加工するのは不利であると言っています。

### 並肉をロードトビーフに加工した場合の利益（活動増減差額）の計算

| | | | |
|---|---|---|---|
| 就 労 支 援 事 業 収 益 | （5,000円×80袋） | ＋400,000 | 円 |
| 就労支援事業販売原価 | | | |
| 　材 　料 　費 | △400,000 | | |
| 　追 加 加 工 費 | △ 80,000 | △480,000 | |
| 　活 動 増 減 差 額 | | △ 80,000 | 円 |

材料費の計算根拠

　　牛1頭80万円÷2（上肉と並肉を半分ずつ）＝40万円

そこで、作業所主任の計算に誤りがないかどうか、検討してください。

---

　牛1頭の原価を按分して材料費としていますが、これは並肉のままで販売してもロードトビーフに加工しても変化しない原価です。つまり、埋没原価として扱う必要があります。

　また、このような場合、並肉をそのまま販売することによって得られている販売収益300,000円（100kg×3,000円／1kg）を犠牲にしてロードトビーフに加工するので、この販売収益を機会原価として取り扱い、計算するべきです。そう考えると、ロードトビーフに加工した場合の利益（活動増減差額）は、次のように計算されます。

原価を按分する方法には、販売単価で加重平均する方法も考えられますが、意思決定の判断資料としての原価計算を行う場合では、埋没原価はもともと無視すべき原価です。

**並肉をローストビーフに加工した場合の利益（活動増減差額）の計算**

| | | |
|---|---:|---|
| 就労支援事業収益 | +400,000 | 円 |
| 就労支援事業販売原価 | | |
| 　機会原価 | △300,000 | |
| 　追加加工費 | △ 80,000 | |
| 　活動増減差額 | + 20,000 | 円 |

以上から、並肉をローストビーフに加工して販売した方が、牛一頭当たり20,000円有利だといえます。

上の計算の正しさは、次のとおり、選択肢それぞれについて発生する収益や原価とその差額を使って検算することができます。

| | 並肉をロースト<br>ビーフに加工 | | 並肉のまま | | 差額 | |
|---|---:|---|---:|---|---:|---|
| 売上高 | +400,000 | 円 | +300,000 | 円 | +100,000 | 円 |
| 原価配分額 | △400,000 | | △400,000 | | | |
| 追加加工費 | △ 80,000 | | | | △ 80,000 | |
| 利益 | △ 80,000 | 円 | △100,000 | 円 | + 20,000 | 円 |

すなわち

| | | | |
|---|---|---:|---|
| 差額収益 | 5,000円×80袋−3,000円×100kg＝ | +100,000 | 円 |
| 差額原価 | （追加加工費） | △ 80,000 | |
| 差額利益 | （活動増減差額） | + 20,000 | 円 |

加工するかそのまま販売するかの意思決定では、並肉のまま販売する場合の利益と、加工を加えることによって得られる利益との比較がなされるため、必然的に機会原価（選択しなかった方の選択肢から得られたはずの逸失利益）について考慮しなければなりません。

なお、意思決定の結果が「原価」にだけ影響する場合には、「差額原価」にだけ注目しておればよいのですが、意思決定の結果が「収益」にも影響する場合には、意思決定の結果が影響を与える「収益」と「原価」の両方を見据えて、結果としての「利益」がどのように変動するのかを吟味する必要があります。

左の「利益」は、社会福祉法人会計では「活動増減差額」として表現されます。

左のような分析を**「差額原価収益分析」**といいます。

## 練習問題　⑫　外注・自家製の選択

(1)　ある社会福祉法人（以下、「当法人」といいます）は、××01年4月からデイサービス事業を開始する予定です。同事業を開始するに当たって、利用者に食事の提供を予定しており、提供方法を三つ考えています。後の文章の空欄を埋めてください。ただし、同じ記号の空欄には、同じ語句や数値が入ります。

　　なお、金利等の時間価値、厨房設備の修繕費及び税金については、考慮する必要はありません。

〈提供方法〉

Ⅰ．施設内に厨房を設備し、調理員を雇い、食事をつくる。

Ⅱ．施設内に一部厨房を設備し、給食業者に調理業務だけを委託する。

Ⅲ．施設内に厨房を設備せず、すべて業務を委託する（給食を配送してもらう）。

| 条件＼摘要 | 提供方法Ⅰ | 提供方法Ⅱ | 提供方法Ⅲ |
|---|---|---|---|
| 1　利用者負担金収益 | 600 円／食 | 600 円／食 | 600 円／食 |
| 2　厨房設備費 | 1,500 万円 | 900 万円 | — |
| 3　人件費等 | 187,500 円／月 | — | — |
| 4　給食材料費 | 270 円／食 | 270 円／食 | — |
| 5　業務委託費 | — | 312,500 円／月 | 520 円／食 |

①　当法人の食事の提供方法として、上記提供方法ⅠとⅡを比較した場合、給食提供サービス開始時から（　ア　）年間食事を提供すれば、提供方法ⅠとⅡに費用の面からは有利不利はありませんが、（　ア　）年経過した後は提供方法（　イ　）の方が年間（　ウ　）万円有利になる。

②　当法人が6年間厨房設備を使用し、事業を継続することを前提として、上記提供方法ⅡとⅢを比較した場合、毎月平均（　エ　）食を提供サービスすれば提供方法ⅡとⅢに費用の面からは有利不利はありませんが、（　エ　）食よりも多く提供すれば、提供方法（　オ　）の方が有利になる。

### 【解答欄】

| (ア) | (イ) | (ウ) | (エ) | (オ) |
|---|---|---|---|---|
|  |  |  |  |  |

# ||||| **3** 現在価値に割り引く

　これまで見てきた例は、いずれもごく短期間における判断と選択の話でした。しかし、ある時点での意思決定が将来の一定期間、しかも、長期に影響するような事案も数多く存在します。

　そのような場合、時間軸という道具を使う必要があります。具体的には、キャッシュ・フローの情報を現在価値で計算・表現することです。

　現在価値というのは、将来に発生する価値について利子率を用いて割り引き、現在の価値に直したものをいいます。そして、キャッシュ・フローは、二つの単純な理由によって割り引かれます。

**大前提1**　今日の1円は、明日の1円よりも価値がある

**大前提2**　安全な1円は、リスクのある1円より価値が大きい

　現在価値と割引計算の関係を図で表現すると、下の図のとおりです。

現在価値に割り引かれたキャッシュ・フローを Discounted Cash Flow（略して DCF）といいます。

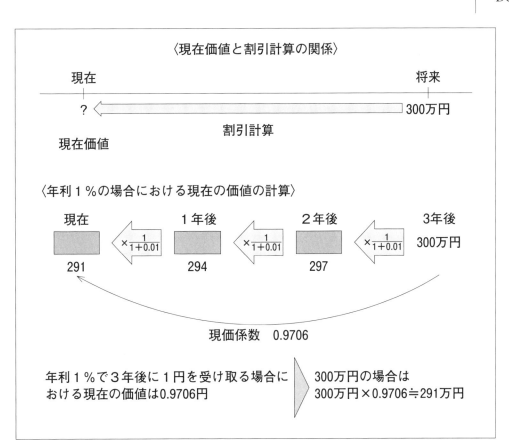

〈現在価値と割引計算の関係〉

現在　　　　　　　　　　　　　　　　将来

？　←────────────300万円

割引計算

現在価値

〈年利1％の場合における現在の価値の計算〉

現在　　　　1年後　　　　2年後　　　　3年後

[291] ×$\frac{1}{1+0.01}$ [294] ×$\frac{1}{1+0.01}$ [297] ×$\frac{1}{1+0.01}$ 300万円

291　　　　294　　　　297

現価係数　0.9706

年利1％で3年後に1円を受け取る場合における現在の価値は0.9706円　　300万円の場合は 300万円×0.9706≒291万円

　具体的な数値で見てみましょう。

　利子率１％が所与のものとして与えられている場合に、現在の１円が数年後にどうなるかを見てみましょう。

**現在の１円が数年後にどうなるか・・・**

| 現在 | 1年後 | 2年後 | 3年後 | 4年後 | 5年後 | ・・・ | N年後 |
|---|---|---|---|---|---|---|---|
| 1円 | 1円<br>×1.01 | 1円<br>×1.01<br>×1.01 | 1円<br>×1.01<br>×1.01<br>×1.01 | 1円<br>×1.01<br>×1.01<br>×1.01<br>×1.01 | 1円<br>×1.01<br>×1.01<br>×1.01<br>×1.01<br>×1.01 | | 1円<br>×<br>$(1.01)^n$ |
| | =1.01 | =1.0201 | ≒1.0303 | ≒1.0406 | ≒1.0510 | | |

計算結果の小数点以下５位を四捨五入しています。

　上の表を逆算すると、１年後の１円は現在の0.9901円（１円÷1.01）と等しいと計算できます。つまり、１年後の１円は0.9901円に割り引かれることになります。以下、同様に計算すると、次のようになります。

**数年後の１円の現在の価値は・・・**

| 現　在<br>の１円 | 1年後<br>の１円 | 2年後<br>の１円 | 3年後<br>の１円 | 4年後<br>の１円 | 5年後<br>の１円 | ・・・ | N年後<br>の１円 |
|---|---|---|---|---|---|---|---|
| 1円 | 1 円<br>÷1.01 | 1 円<br>÷1.01<br>÷1.01 | 1 円<br>÷1.01<br>÷1.01<br>÷1.01 | 1 円<br>÷1.01<br>÷1.01<br>÷1.01<br>÷1.01 | 1 円<br>÷1.01<br>÷1.01<br>÷1.01<br>÷1.01<br>÷1.01 | | 1円<br>÷<br>$(1.01)^n$ |
| | 円<br>=0.9901 | 円<br>=0.9803 | 円<br>=0.9706 | 円<br>≒0.9610 | 円<br>≒0.9515 | | |

←ここが、現在価値への割引計算です。

計算結果の小数点以下５位を四捨五入しています。

　上の表を見ると、３年後の１円は、現在の0.9706円と等価であることが分かります。この「0.9706」を（利子率１％のときの）**現価係数**といいます。例えば、現在の１円は５年後に1.0510円になりますが、この1.0510円に上の表の「５年後の１円」の「0.9515」を掛けると、現在価値の１円が計算できます。

| 現在の１円の５年後<br>1.0510円 | × | 現 価 係 数<br>0.9515 | = | 現 在 価 値<br>1.0000　円 |
|---|---|---|---|---|

　現価係数は、上のように計算できるのですが、いちいち計算していては大変です。そこで、利子率に応じた現価係数を一覧にした「**現価係数表**」があります。複利で現在価値に還元する現価係数の表なので、「**複利現価表**」とも呼ばれています。

「現価係数」は、一定利子率（割引率）のもとにおける「現在価値へ割り引くための係数」と理解してください。
利子計算には、単利・複利の２方式があります。単利は元金に対してのみ利息を計算します。一方、複利は、それまでの利息を元金に含めた合計に対して利息を計算します。時間軸を考える場合、一般的には複利で考えます。

　　**現価係数表**の一部を示すと、次のような表です。

■現価係数表（＝複利現価表）〔一部〕

複利現価 $\dfrac{1}{(1+i)^n}$

| n | 1％ | 2％ | 3％ | 4％ | 5％ |
|---|------|------|------|------|------|
| 1 | 0.9901 | 0.9804 | 0.9709 | 0.9615 | 0.9524 |
| 2 | 0.9803 | 0.9612 | 0.9426 | 0.9246 | 0.9070 |
| 3 | 0.9706 | 0.9423 | 0.9151 | 0.8890 | 0.8638 |
| 4 | 0.9610 | 0.9238 | 0.8885 | 0.8548 | 0.8227 |
| 5 | 0.9515 | 0.9057 | 0.8626 | 0.8219 | 0.7835 |
| 6 | 0.9420 | 0.8880 | 0.8375 | 0.7903 | 0.7462 |
| 7 | 0.9327 | 0.8706 | 0.8131 | 0.7599 | 0.7107 |
| 8 | 0.9235 | 0.8535 | 0.7894 | 0.7307 | 0.6768 |
| 9 | 0.9143 | 0.8368 | 0.7664 | 0.7026 | 0.6446 |
| 10 | 0.9053 | 0.8203 | 0.7441 | 0.6756 | 0.6139 |

nは年数を、iは利率を表します。

なお、必ずしも、割引率＝利子率ではありません。割引率には、市場金利に一定のリスクを上乗せ（リスクプレミアム）した率を使う場合などがあります。

　では、具体例で現価係数を使ってみましょう。

**例題－7**　**土地を貸すことになりました**

　ある施設では敷地内に未利用のスペースがあります。地域の人から、そこを次の条件で借りたいとの申し出がありました。さて、契約期間に受け取る地代の現在価値はいくらになるでしょうか。

❑　地代　10万円/月

❑　地代を1年分ずつ前払にて受け取ることとし、敷金保証金はいただきません。

❑　契約期間　4年

なお、計算で使う利子率（割引率）は、1％とします。

　現価係数を使って、将来に受け取る地代を現在価値へ割り引くと、次のようになります。

| 摘要 | 今 | 1年後 | 2年後 | 3年後 |
|------|------|------|------|------|
| 年間地代 | 10万円×12か月 | 10万円×12か月 | 10万円×12か月 | 10万円×12か月 |
| 現価係数 | 1 | 0.9901 | 0.9803 | 0.9706 |
| 現在価値 | *1,200,000* | *1,188,120* | *1,176,360* | *1,164,720* |

　合計すると4,729,200円となり、今後いただく地代総額の現在価値を表しています。

### 例題－8　朝三暮四はイヤ!

【例題7】のケースでは、地代を毎月10万円のフラットにしていました。

ところで、前半の2年を5万円/月とし、後半の2年を15万円/月としていた場合、あるいは前半の2年を15万円/月とし、後半の2年を5万円としたらどうなるのでしょうか。

なお、利率を10%として計算します。

| 摘要 | 現価係数 | 5万円→<br>15万円 | 15万円→<br>5万円 | 10万円<br>フラット |
|---|---|---|---|---|
| 今 | 1 | 600,000 | 1,800,000 | 1,200,000 |
| 1年後 | 0.909 | 545,400 | 1,636,200 | 1,090,800 |
| 2年後 | 0.826 | 1,486,800 | 495,600 | 991,200 |
| 3年後 | 0.751 | 1,351,800 | 450,600 | 901,200 |
| 累計 | | 3,984,000 | 4,382,400 | 4,183,200 |

　10万円フラットの場合と比較して、それぞれ約20万円程度の違いが出てきます。地代2か月分と考えれば、大きいですね。トチの実を朝に三つ暮れに四つよりも、朝に四つ暮れに三つを喜んだとされる、朝三暮四の故事に出てくる猿のことを笑ってはおれませんね。

　現在は金利が低く、また、借入金利息に補助が受けられる場合もあります。そのような場合には、キャッシュ・フローによる判断材料があれば計数的資料としては十分であり、時間軸を使った正味のディスカウント・キャッシュ・フローまでを考える必要性は低いものと思われます。しかし、利息補助が望めない状態で、しかも、金利が高くなってくると、時間軸を使う必要性は格段に高まってくると考えられます。

　なお、時間軸を使って将来の差額原価収益のキャッシュ・フローを現在価値に割り引くよりも先に、将来キャッシュ・フローを正確に見積もる必要があります。そのような場面においては、財務管理の基礎となる簿記会計の知識が威力を発揮します。次の【練習問題13】は、そのような知識が試される問題です。

これだけの差になったのは、金利を10%で計算していることが影響しています。

## 練習問題 ⑬ 設備投資の経済性

X社会福祉法人（以下、X法人といいます）について、次の問に答えてください。

**設問1**　X法人では、現在、毎月8,000食を法人の職員が調理し、利用者に提供しています。現在の費用は、次のとおりです。また、設備は次年度以降15年間、現状と同様に稼動するものと見込まれます。

〈食事1食当たりの費用〉

| | |
|---|---|
| 食 材 費 | 240円 |
| 直接労務費 | 150円 |
| 直接諸費用 | 50円 |
| 変動費小計 | 440円 |
| 固 定 費 （総額480,000円） | 60円 |
| 費用合計 | 500円 |

X法人では、地域貢献を考え、次年度から配食サービスを実施することを検討しています。

この配食サービスを実施することによって、提供する食数が1か月当たり800食増加し、サービスの対価として配食サービスの利用者からは1食当たり500円、行政からは1食当たり300円を受け取ることができます。また、配食数量が800食増加すれば、1食当たり変動費は、現状に比して、次のように変化することが見込まれています（配食サービスを実施しない場合は、不変です）。

| 食 材 費　5％減少 | 直接労務費　6％増加 | 直接諸費用　2％増加 |
|---|---|---|

ただし、配食サービスを実施するに当たっては、厨房設備の改装に420万円、自動車の購入に160万円が必要となり、1か月平均給料13万円（賞与を含みます）の職員を2名採用する必要があります。厨房設備の耐用年数を15年、自動車の耐用年数を5年とし、耐用年数を経過すれば廃棄処分し、再び同一金額で買い換えるものとします。配食サービス開始に当たっては、約100万円の補助金が交付されると見込まれますが、買換え時には、補助金は交付されません。

以上の前提で、今後15年間にわたり配食サービスを実施することによって、法人にとってキャッシュ・フローがマイナスにならないためには、補助金が最低いくら交付されることが必要なのかを簡潔に答えてください。ただし、調理食数は毎月8,800食が限度であり、また、利息・金利等の時間価値については、考慮する必要はありません。

（次の①・②は、適宜、計算メモとして使用してください）

① 配食サービスを実施するとした場合の変動費の内訳

| 〈食事1食当たりの変動費〉 | |
| --- | --- |
| 食　材　費 | 円 |
| 直接労務費 | 円 |
| 直接諸費用 | 円 |
| 変動費計 | 円 |

② 次年度以降15年間のキャッシュ・フロー計算

| | | |
| --- | --- | --- |
| | | 円 |
| | | 円 |
| | | 円 |
| | | 円 |
| | | 円 |
| キャッシュ・フロー合計 | | 円 |

【解答欄】

　以上から、法人にとってキャッシュ・フロー（利益）がマイナスにならないためには、補助金が最低限、次の金額以上が交付されることが必要である。

| |
| --- |
| 　　　　　　　　　 円 |

設問2　次年度において、X法人が厨房設備の改装に420万円、自動車の購入に160万円を支出し、それらにかかる補助金（厨房設備改装につき270万円、自動車購入につき90万円）の交付を受け、毎月8,800食を提供していることを前提として、次の問に答えてください。

　現在は食事を法人の職員が調理し、利用者に提供していますが、これを改めて、調理を外部委託することを検討しています。

　以下の条件のもとに、次年度以降15年間トータルで判断すれば、今までどおり法人の職員が調理する場合と調理を外部委託する場合とでは、キャッシュ・フローはどちらの方がいくら有利になるか、解答用紙の空欄に記入してください。ただし、利息・金利等の時間価値を考慮しないこととし、次の条件以外は、すべて 設問1 と同じとします。

・調理を外部委託すれば、従来から調理にかかわっていた法人の職員に対して、法人独自の負担として割増退職金を600万円支給する必要があります。

・調理を外部委託した場合には、食材費は当初どおり1食当たり240円となり、業務委託費として毎月100万円の支払が発生します。

・調理を外部委託すれば、変動費のうち直接諸費用は法人の職員が調理し、8,800食提供する場合に比べて1食当たり20円減少します。

〈食事1食当たりの変動費〉（適宜、計算メモとして使用してください。）

| 摘　　　要 | 自家調理の場合 | 外注の場合 |
|---|---|---|
| 食　材　費 | 円 | 円 |
| 直接労務費 | 円 | 円 |
| 直接諸費用 | 円 | 円 |
| 変動費計 | 円 | 円 |

☆8,800食分を提供する場合の15年間のキャッシュ・フロー計算（同上メモ欄です）

| 項目 | 自家調理の場合 | 外注の場合 |
|---|---|---|
|  |  |  |
|  |  |  |
|  |  |  |
|  |  |  |
|  |  |  |
|  |  |  |
|  |  |  |
| 合計 |  |  |

【解答欄】

以上のことから、15年間のキャッシュ・フローで判断すると、

　　　　　　　　の場合の方が、　　　　　　　　　　　円、資金的には有利である。

### 練習問題 ⑭ 購入か賃借かの選択

　ある社会福祉法人で、コピー機を購入すべきか、賃借すべきかを検討しています。コピー機の購入と賃借のデータは、次のとおりです。

| 摘　　要 | 購　　入 | 賃　　借 |
|---|---|---|
| 購入及び賃借代金 | 250万円 | 3万円／月 |
| 印 刷 直 接 費 | 1円／枚 | 3円／枚 |
| メ ン テ ナ ン ス | 1万円／年 | 賃借料込み |

**設問1**　月間コピー枚数が6,250枚である場合、どのように意思決定すべきでしょうか。ただし、支払利息・金利等の時間価値については、考慮を要しません。

**【解答欄】**

**設問2**　上記の場合に、計画期間が5年、金利が5％とした場合、現在価値に割り戻して考えると、どちらがいくら有利になるでしょうか。ただし、購入費用は、計画の最初の段階で支出され、その他の支出は、毎年度分をその年度末に支出するものとします。

　次の表に数値を記入した上で、結論を解答欄に記入してください。

#### 購入(A)と賃借(B)との比較　　　　　　　　（単位：円）

| 摘　要 | | 当初支出額 | 1年後 | 2年後 | 3年後 | 4年後 | 5年後 |
|---|---|---|---|---|---|---|---|
| 購入(A) | 購入代金 | | | | | | |
| | 印刷直接費 | | | | | | |
| | メンテナンス | | | | | | |
| | 購入合計 | | | | | | |
| 賃借(B) | 賃借料 | | | | | | |
| | 印刷直接費 | | | | | | |
| | 賃借合計 | | | | | | |
| 購入した場合の賃借との比較（A－B） | | 購入時支出額 | ← 1 ～ 5 年 後　年 間 支 出　減 少 額 → | | | | |
| | | | △ | △ | △ | △ | △ |
| 現　価　係　数 | | | | | | | |
| 今後の差額原価の現在価値 | | △ | △ | △ | △ | △ | |
| 上 記 現 在 価 値 合 計 | | | △ | | | | |

**【解答欄】**

# Ⅴ

# 財務諸表の分析

計算関係書類（計算書類とその附属明細書）の分析について
は、一般には「財務諸表分析」という用語が定着していますの
で、以下では計算関係書類を「財務諸表」と表現しています。

さて、財務諸表を分析することによって、その法人や拠点の
長所・短所あるいは特徴を知ることができます。そのようなこ
とから、財務諸表分析は、「財務管理」の重要な一分野となっ
ています。

また、法人の実態をより深く分析するためには、財務数値（財
務諸表に現れた数値）以外の情報も必要となります。このよう
な財務数値にとどまらない分析は、「経営分析」と呼ばれてい
ます。

ここでは、財務諸表の分析を中心に学びます。

# 1 『貸借対照表』の分析

## (1) B／Sの分析とその比率

　財務諸表の分析は、元々、銀行が法人にお金を貸すに当たり、貸付先法人の返済能力や財産状態の良し悪しを判断するために、B／Sを提出させて、その法人の安全性を分析したことが起源だと言われています。そして、B／Sの分析と言えば、安全性の分析が中心となります。以下、安全性を分析するための代表的な分析比率を見ます。

### ① 純資産比率

　純資産は、返済の必要のない財源であり、その法人・施設の経営の安定した財政基盤となります。そのようなことから**純資産比率**は、安全性（安定性）を見る上ではもっとも大切な指標になります。

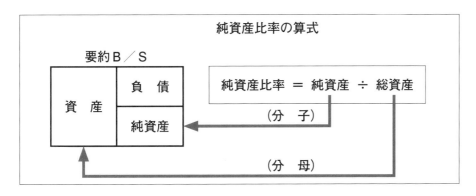

### ② 流動比率

　安全性あるいは安定性を見るうえで、次に重要な分析比率は、**流動比率**です。要約B／Sの上半分の「流動資産 − 流動負債」が**短期的な支払能力の額**を示します（ほぼ支払資金残高に相当します）。ここに着目して、次の**流動比率**が、短期的な財務の安全性（安定性）を示すものとされています。

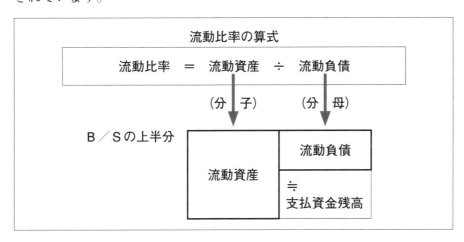

ここは、「貸借対照表と二つの収支計算書」の理解が前提となっています。
（独）福祉医療機構の経営分析参考指標では、福祉施設においては、財政基盤の安定が何よりも基本的に重要であることから、「安全性」ではなく、「安定性」という言葉を使っています。

公的補助のある社会福祉法人の場合、この比率は、通常70％を超えることが多いようです。

支払資金≠
流動資産−流動負債ですね？

流動比率は、通常120％以上あれば、安全であるとされています。

### ③　固定長期適合率

　上記②の流動比率を逆から見ると、次の**固定長期適合率**として考えることができます。固定資産には、資金が長期的に固定されますので、その資金源泉は、純資産や長期借入金などの固定負債によるべきです。

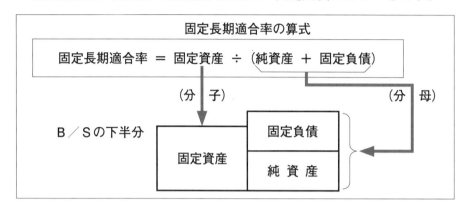

この比率は100％以下であることが大切です。100％を超える場合は、固定資産の資金源泉を流動負債で賄っていることになります。

## (2)　B／S改善の視点

### ①　安全性の観点から見た改善視点

　安全性に関する諸指標から分かるように、安全性という観点から見たB／S改善の視点は、明らかです。

　つまり、資産については、資金の固定化を避け、流動化を図ることです。また、負債については、短期の資金調達によらず、長期の資金調達によるべきであるということです。そして、何よりも長期的な資金財源は純資産であり、純資産の充実を図ることが一番大切です。以上は、B／Sの構成割合の問題です。

左に書いている「安全」というのは、「支払能力」と理解することができます。

### ②　効率性の観点から見た改善視点

　もう一つ考えるべきことは、B／S全体の大きさの問題です。

　B／S全体の大きさについては、「同じサービス提供ができているならば」という前提つきで考えると、多額の資金を使っているB／Sと、少額の資金しか使っていないB／Sとを比較すると、どうでしょうか。「多額の資金を保有している方が安全」ということになりそうですが、「同じサービス提供」を前提とすると、少額の資金しか使っていない方が「効率性が高い」ということになります。

　現実には、業種・業態・規模によって望ましいB／Sは千差万別ですので、一概に望ましいB／Sを定義することはできません。しかし、以上の観点から「危険なB／S」と「健全なB／S」とを図式化して対比

「効率性」の観点からB／Sを考える。

すると、次のようになります。

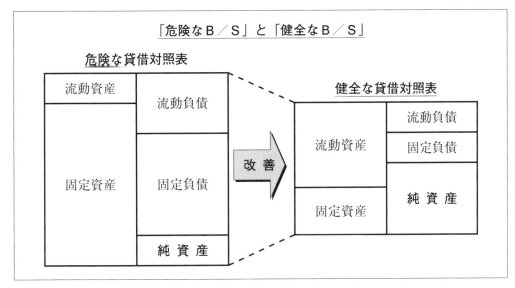

「危険なB／S」と「健全なB／S」

**危険な貸借対照表**

| 流動資産 | 流動負債 |
| 固定資産 | 固定負債 |
| | 純資産 |

改善 →

**健全な貸借対照表**

| 流動資産 | 流動負債 |
| | 固定負債 |
| 固定資産 | 純資産 |

左の図を、純資産比率、流動比率、そして固定長期適合率と併せて見直してください。

　上の二つのB／Sは、何がどう違うのでしょうか。「健全なB／S」のポイントを、図に即して記載すると、次のとおりです。

> イ．全体が小さい　　　　　　　（同じサービス提供のできることが前提）
> ロ．流動資産が大きく固定資産が小さい
> ハ．流動負債が小さい　　　　　（同じ負債なら、流動負債よりも固定負債）
> ニ．固定負債も小さい　　　　　（返済の必要がある負債全体を減らす）
> ホ．純資産が大きい　　　　　　（ハ、ニの結果です）

イは、効率性（収益性）の問題です。
ロからホは、安定性（安全性）の問題です。

### ③　経営者はB／Sを見る

　社会福祉法人が安定的に経営されることは、とても重要なことです。そのためには、極力、資金の固定化を避け、不要な固定資産を持たないことが大切です。また、流動負債を圧縮し、必要な資金は可能な限り長期的な資金を導入すべきです。

　さらに、社会福祉法人を経営体として見た場合、十分な「純資産」のあることが必要です。純資産がマイナスであることは「債務超過」であることを意味します。他方、資金調達を一切負債に頼らず、純資産でまかなうことができるなら、健全な「無借金」経営を行っていることを意味します。

　しかし、流動負債を圧縮し、長期的資金を導入すること、とりわけ純資産を増加させることは、一朝一夕にできるものではありません。したがって、**B／Sに示される財務体質**の改善は長期的な視点で取り組む必要があります。そのようなことから「経営者はB／Sを見る」と言われます。

## ⑶ 実例によるB／Sの検討 ～危険なB／Sか・健全なB／Sか～

　では、実例を見てみましょう。次に示すのは、保育所を運営している
A法人のB／Sです。

これは、55頁の「施設再生計画の考え方」でとりあげた保育所です。

### 【実例A】保育所を運営するA法人のB／S

**A法人貸借対照表** （単位：千円）

| | | | | |
|---|---:|---|---|---:|
| 流動資産 | 74,280 | 流動負債 | | 53,369 |
| 　現　金　預　金 | 56,277 | 　短期運営資金借入金 | | 20,000 |
| 　事　業　未　収　金 | 17,930 | 　事　業　未　払　金 | | 20,140 |
| 　立　　替　　金 | 23 | 　職　員　預　り　金 | | 362 |
| 　仮　　払　　金 | 50 | 　賞　与　引　当　金 | | 12,867 |
| | | 固定負債 | | 199,713 |
| 固定資産 | 569,140 | 　設　備　資　金　借　入　金 | | 170,880 |
| 基本財産 | 457,767 | 　退　職　給　付　引　当　金 | | 28,833 |
| 　土　　　　　地 | 409,874 | | | |
| 　建　　　　　物 | 47,893 | 負　債　の　部　合　計 | | 253,082 |
| その他の固定資産 | 111,373 | 基　本　金 | | 79,862 |
| 　建　　　　　物 | 1,924 | 国庫補助金等特別積立金 | | 268,398 |
| 　構　　築　　物 | 14,020 | その他の積立金 | | 40,730 |
| 　車　輛　運　搬　具 | 105 | 　○　○　積　立　金 | | 40,730 |
| 　器　具　及　び　備　品 | 28,537 | 次期繰越活動増減差額 | | 1,348 |
| 　○　○　積　立　資　産 | 40,730 | （うち当期活動増減差額） | | (20,173) |
| 　その他の固定資産 | 26,057 | | | |
| | | 純　資　産　の　部　合　計 | | 390,338 |
| 資　産　の　部　合　計 | 643,420 | 負債及び純資産の部合計 | | 643,420 |

脚注1．減価償却費の累計額　84,357千円

　上のB／Sを要約すると、次のようになり、全体がどのようになって
いるか、よく分かります。全体（資産合計）を100％として、各々の部
分が何％になるかを見る、というのが一つのポイントです。

**A法人要約貸借対照表** （単位：千円）

| | | | | | |
|---|---:|---:|---|---:|---:|
| 流　動　資　産 | 74,280 | 11.5 | 流　動　負　債 | 53,369 | 8.3 |
| | | | 固　定　負　債 | 199,713 | 31.0 |
| 固　定　資　産 | 569,140 | 88.5 | 純　　資　　産 | 390,338 | 60.7 |
| 資　産　合　計 | 643,420 | 100 | 負債・純資産合計 | 643,420 | 100 |

## 【実例Ｂ】 複合施設を運営するＢ法人の場合

　次に示すのは、特養が２カ所、保育所が１カ所のＢ法人のＢ／Ｓです。この法人のＢ／Ｓを見て、何が分かるでしょうか。

**Ｂ法人貸借対照表** （単位：千円）

| | | | | | |
|---|---|---|---|---|---|
| **流動資産** | | 654,336 | **流動負債** | | 63,888 |
| 　現　金　預　金 | | 500,302 | 　事　業　未　払　金 | | 55,956 |
| 　事　業　未　収　金 | | 152,112 | 　職　員　預　り　金 | | 7,932 |
| 　立　　替　　金 | | 300 | | | |
| 　前　払　費　用 | | 1,622 | **固定負債** | | 501,675 |
| | | | 　設　備　資　金　借　入　金 | | 468,071 |
| **固定資産** | | 2,441,146 | 　退　職　給　付　引　当　金 | | 33,604 |
| **基本財産** | | 2,124,372 | | | |
| 　土　　　　　地 | | 409,874 | **負　債　の　部　合　計** | | 565,563 |
| 　建　　　　　物 | | 1,714,498 | **基本金** | | 478,947 |
| **その他の固定資産** | | 316,774 | **国庫補助金等特別積立金** | | 1,187,814 |
| 　土　　　　　地 | | 51,106 | **その他の積立金** | | 142,000 |
| 　建　　　　　物 | | 7,464 | 　○　○　積　立　金 | | 142,000 |
| 　構　　築　　物 | | 7,583 | **次　期　繰　越　活　動　増　減　差　額** | | 721,158 |
| 　車　輌　運　搬　具 | | 15,248 | （うち当期活動増減差額） | | (222,757) |
| 　器　具　及　び　備　品 | | 65,049 | | | |
| 　無　形　固　定　資　産 | | 5,431 | | | |
| 　○　○　積　立　資　産 | | 142,000 | | | |
| 　その他の固定資産 | | 22,893 | **純　資　産　の　部　合　計** | | 2,529,919 |
| **資　産　の　部　合　計** | | 3,095,482 | **負債及び純資産の部合計** | | 3,095,482 |

脚注１．減価償却費の累計額　　624,457千円
　　　２．徴収不能引当金　　　　4,705千円

　金額だけを見ていても、Ａ法人に対して随分と大きいということ以外はあまり分かりません。そこで、このＢ法人のＢ／Ｓについても、その要約を作ると、次のようになり、全体の構成が良く分かります。

**Ｂ法人要約貸借対照表** （単位：千円）

| | | | | | |
|---|---|---|---|---|---|
| 流　動　資　産 | 654,336 | 21.1 | 流　動　負　債 | 63,888 | 2.1 |
| | | | 固　定　負　債 | 501,675 | 16.2 |
| 固　定　資　産 | 2,441,146 | 78.9 | 純　　資　　産 | 2,529,919 | 81.7 |
| 資　産　合　計 | 3,095,482 | 100 | 負債・純資産合計 | 3,095,482 | 100 |

### ●A法人とB法人の『要約B／S』の構成比

　さらに、A法人、B法人の前頁までの要約B／Sの構成比を、次のように比較してみます。

**A法人・B法人『要約B／S』構成比の比較表**

| 科　目 | A法人 | B法人 | 科　目 | A法人 | B法人 |
|---|---|---|---|---|---|
| 流動資産 | %<br>11.5 | %<br>21.1 | 流動負債 | %<br>8.3 | %<br>2.1 |
| 固定資産 | 88.5 | 78.9 | 固定負債 | 31.0 | 16.2 |
| | | | 純　資　産 | 60.7 | 81.7 |
| 資産合計 | 100.0 | 100.0 | 負債・純資産<br>合　　計 | 100.0 | 100.0 |

左のように資産合計を100％として、資産・負債・純資産の各項目を構成比率であらわしたB/Sを**百分率貸借対照表**といいます。

　流動資産の資産合計に対する比率は、A法人が11.5％、B法人は21％もあります。他方、流動負債の資産合計に対する比率は、A法人が8.3％で、B法人は2.1％です。「流動資産－流動負債」の資産合計に対する比率は、B法人が、「流動資産－流動負債＝21.1 ％－ 2.1 ％＝19.0％」であるのに対して、A法人は、「11.5％－8.3％＝3.2％」です。

　「流動資産－流動負債」の資産合計に対する比率が、B法人は20％近くもあって、資金繰りに随分ゆとりのあることが分かります。一方、A法人は３％しかありませんので、A法人の資金繰りが楽でないことが、はっきりと分かります。

　このように他の法人、あるいは施設と、**百分率貸借対照表**とを比較してみることで、財務状況の違いがよくわかります。

　なお、A法人、B法人の比率分析を行うと、次のようになります。

**A法人とB法人の比率分析の結果**

| 区　分 | 基準比率 | A法人 | B法人 |
|---|---|---|---|
| 流動比率 | 120％ 以上 | 139.18 % | 1,024.00 % |
| 固定長期適合率 | 100％ 以下 | 96.45 | 80.52 |
| 純資産比率 | 70％ 超 | 60.66 | 81.73 |

| 「流動資産－流動負債」<br>の資産合計に対する比率 | A法人 | B法人 |
|---|---|---|
| | 3.2 % | 19.0 % |

## ② 自法人と他法人との比較実習

あなたの法人のB／Sを、A法人、B法人と比較してみてください。

下の表の「自法人」の「科目〔金額〕」欄に、自法人の金額を記入して、総資産を100％とした場合の各科目の比率（％）を算出・記入します。

なにが、見えてきたでしょうか。

### 自法人と他法人との百分率貸借対照表の比較　　　（単位：千円）

| 自　法　人 | ％ | A法人 ％ | B法人 ％ | 自　法　人 | ％ | A法人 ％ | B法人 ％ |
|---|---|---|---|---|---|---|---|
| 科目〔金額〕 | ％ | ％ | ％ | 科目〔金額〕 | ％ | ％ | ％ |
| 流　動　資　産〔　　　　〕 | | 11.5 | 21.1 | 流　動　負　債〔　　　　〕 | | 8.3 | 2.1 |
| | | | | 固　定　負　債〔　　　　〕 | | 31.0 | 16.2 |
| 固　定　資　産〔　　　　〕 | | 88.5 | 78.9 | 純　　資　　産〔　　　　〕 | | 60.7 | 81.7 |
| 資　産　合　計〔　　　　〕 | 100.0 | 100.0 | 100.0 | 負債・純資産合　　　　計〔　　　　〕 | 100.0 | 100.0 | 100.0 |

**質問1** 自法人の要約B／Sを見て、どう感じますか

> A法人、B法人と比較して、あなたの法人の特徴はどんなところにあるでしょうか。

**質問2** あなたの法人のB／Sは、健全でしょうか？
改善するとすれば、どんな点ですか？

> 資産運用の問題でしょうか、資金調達の問題でしょうか。

**質問3** 改善するための具体的な方策は、どのようなものでしょうか？

> 一朝一夕には行かないでしょうが、「具体的に何をどうするのか」を考えてください。

# 2 『事業活動計算書』の分析

## ⑴　P／Lの分析　～「費用の適正性」を見る比率～

P／Lの分析の代表的なものは、次の「サービス活動収益 対 経常増減差額 比率」です。

> サービス活動収益 対 経常増減差額 比率
> 　　＝ 経常増減差額 ÷ サービス活動収益

この比率は、サービス活動収益に対して、どの程度の経常増減差額を生み出したのかを見る比率であり、活動増減差額の状況が効率的であるかどうかを端的に表すものです。

この比率は高いほどよいのですが、そのためには、次のサービス活動費用比率が低くなることが基本的に必要です。

> サービス活動費用比率
> 　　＝　サービス活動費用 ÷ サービス活動収益

サービス活動費用比率は、さらに人件費率と事業費率、事務費率などに分解して考えることができます。

> 人件費率　＝　人件費　÷　サービス活動収益
> 事業費率　＝　事業費　÷　サービス活動収益
> 事務費率　＝　事務費　÷　サービス活動収益

これらの比率は、いわば「費用の適正性」を見る比率と言えます。

## ⑵　実例と比較

P／L分析の最も簡単な方法は、「サービス活動収益」を「100％」とした場合の、「百分比P／L」を作成して比較することです。

では、その実例を見てみましょう。次頁の『A法人とB法人のP／L』を見てください。

この事業活動計算書の「サービス活動収益計⑴」を「100」とします。サービス活動収益は、その法人がどれだけ世の中に貢献しているのかを金額で示したものです。大きなサービス活動を行うと、大きな収益が入ります。小さなサービス活動では、小さな収益しか入りません。サービス活動の規模が、金額としてサービス活動収益の額に現れてきます。

「サービス活動収益 対 経常増減差額 比率」には、見やすくするために「対」の前後及び「比率」の直前に半角スペースを入れています。しかし、通常は、このようなスペースを入れずに表記します。
また、独立行政法人福祉医療機構の「経営分析参考資料」では、左の「経常増減差額」に代えて、「サービス活動増減差額」を用いています。

これらの比率については、「サービス活動収益 対 経常増減差額比率」と併せて、経年ごとの推移も見る必要があります。

サービス活動収益は、ほぼ、一般企業でいう「売上」に相当します。

　では、Ａ法人、Ｂ法人は、サービス活動の結果、どのような成果を残したでしょうか。それは、**当期活動増減差額**として現れます。

## ◆Ａ法人とＢ法人の『Ｐ／Ｌ』

事業活動計算書　　　　　　　　　　　　　　　　　　（単位：千円）

| 勘 定 科 目 | | A 法 人 金 額 | % | B 法 人 金 額 | % | 自 法 人 金 額 | % |
|---|---|---|---|---|---|---|---|
| サービス活動増減の部 | 収益 介護保険事業収益 | | | 912,881 | 80.7 | | |
| | 保育事業収益 | 411,271 | 83.8 | 125,373 | 11.1 | | |
| | ○○事業収益 | 48,857 | 10.0 | | | | |
| | 経常経費寄附金収益 | 13,545 | 2.8 | 3,769 | 0.3 | | |
| | その他の収益 | 16,723 | 3.4 | 89,642 | 7.9 | | |
| | サービス活動収益計(1) | 490,396 | 100 | 1,131,665 | 100 | | |
| | 費用 人件費 | 361,056 | 73.6 | 625,899 | 55.3 | | |
| | 事業費 | 58,347 | 11.9 | 155,742 | 13.8 | | |
| | 事務費 | 56,602 | 11.5 | 85,950 | 7.6 | | |
| | 減価償却費 | 25,679 | 5.2 | 80,990 | 7.1 | | |
| | 国庫補助金等特別積立金取崩額 | △14,530 | △2.9 | △47,705 | △4.2 | | |
| | 徴収不能額 | | | 57 | ― | | |
| | その他の費用 | | | | | | |
| | サービス活動費用計(2) | 487,154 | 99.3 | 900,933 | 79.6 | | |
| | サービス活動増減差額(3)＝(1)−(2) | 3,242 | 0.7 | 230,732 | 20.4 | | |
| サービス活動外増減の部 | 収益 借入金利息補助金収益 | 176 | 0.0 | 7,317 | 0.6 | | |
| | 受取利息配当金収益 | 15 | 0.0 | 1,948 | 0.2 | | |
| | サービス活動外収益計(4) | 191 | 0.0 | 9,265 | 0.8 | | |
| | 費用 支払利息 | 2,139 | 0.4 | 17,266 | 1.5 | | |
| | その他のサービス活動外費用 | | | | | | |
| | サービス活動外費用計(5) | 2,139 | 0.4 | 17,266 | 1.5 | | |
| | サービス活動外増減差額(6)＝(4)−(5) | △1,948 | △0.4 | △8,001 | △0.7 | | |
| | 経常増減差額(7)＝(3)+(6) | 1,294 | 0.3 | 222,731 | 19.7 | | |
| 特別増減の部 | 収益 施設整備等補助金収益 | 1,236 | 0.3 | 7,198 | 0.6 | | |
| | 施設整備等寄附金収益 | 20,846 | 4.2 | 26 | | | |
| | 固定資産売却益 | | | | | | |
| | 特別収益計(8) | 22,082 | 4.5 | 7,224 | 0.6 | | |
| | 費用 基本金組入額 | 1,967 | 0.4 | | | | |
| | 国庫補助金等特別積立金取崩額（除却等） | △ | | △ | | | |
| | 国庫補助金等特別積立金積立額 | 1,236 | 0.3 | 7,198 | 0.6 | | |
| | 特別費用計(9) | 3,203 | 0.7 | 7,198 | 0.6 | | |
| | 特別増減差額(10)＝(8)−(9) | 18,879 | 3.8 | 26 | ― | | |
| | 当期活動増減差額(11)＝(7)+(10) | 20,173 | 4.1 | 222,757 | 19.7 | | |
| 繰越活動増減差額の部 | 前期繰越活動増減差額(12) | △2,395 | | 500,401 | | | |
| | 当期末繰越活動増減差額(13)＝(11)+(12) | 17,778 | | 723,158 | | | |
| | 基本金取崩額(14) | | | | | | |
| | その他の積立金取崩額(15) | 3,570 | | | | | |
| | その他の積立金積立額(16) | 20,000 | | 2,000 | | | |
| | 次期繰越活動増減差額(17)＝(13)+(14)+(15)−(16) | 1,348 | | 721,158 | | | |

　なお、サービス活動収益計を100％として、その他の収益・費用の各項目を構成比率であらわしたＰ／Ｌを、**百分率事業活動計算書**といいます。

　では、「当期活動増減差額⑾＝⑺＋⑽」欄を見てみましょう。Ａ法人は約2,000万円、Ｂ法人は約２億円です。

　Ａ法人は、収益５億円に対して残った当期活動増減差額は2,000万円ですから、当期収益の4.1％しか残っていません。Ｂ法人は、収益11億3,000万円に対して、残った当期活動増減差額が２億2,000万円ですから、当期収益の19.7％、２割近くが残っています。

　このようになった原因はなぜなのかを分析するのが、収益100に対するそれぞれの費用内容の比率分析です。

　「サービス活動増減差額⑶＝⑴－⑵」欄を見ますと、Ａ法人は0.7％、Ｂ法人は20.4％となっており、ここに、原因があることがわかります。いずれも収益を100％と見ているのですから、サービス活動増減差額の率が異なるのは、費用の内容に問題がありそうです。

　「サービス活動費用計⑵」欄を見ると、Ａ法人はサービス活動収益に対して、サービス活動費用が99.3％となっており、Ｂ法人のそれは79.6％です。では、その内訳は？と見ますと、人件費率が違います。Ｂ法人が55.3％であるのに対して、Ａ法人は73.6％です。ここで、20％近く違っています。事務費もＡ法人の方が多いですね。しかし、一番大きな問題は人件費にあるらしいということが、分かってきます。

　実は、Ａ法人は夜間保育所を運営している法人で、障害児保育などにも積極的に取り組んでいる法人です。Ａ法人の経営者は、地域福祉の核として活動しつつ、将来的には１施設だけでなく、複数保育所を展開していこうと考え、１保育所に園長クラスの人が数名いるという体制で、現在の保育所を運営しています。その結果がこのような数字になっているのです。

　問題は、そのような方針、実践がこのような数字を生み出しており、それが将来の展開（新しい施設の開設等）を考えた時に、予想される必要資金との関係でバランスしているのかどうかです。そこから、現在の人件費の妥当性を吟味する必要があります。

　以上に見たように、分析比率が悪いから経営がダメだという訳ではありません。法人それぞれの思い（理念や将来構想）が背景にあります。ただ、その結果、現状がどうなっているのか、その現実を冷静に見るためにこのような分析をするのです。

さらにＡ法人の人件費が非常に多くなっている理由の一つに、実は従来設定していなかった賞与引当金を設定したこともあります。
このようなことは、財務諸表の注記を見ると分かります。

このように比率を比較すると、他の法人と比べた場合、規模の大小にかかわらず、自法人の特徴が見えてきます。

# 3 『資金収支計算書』の分析

収益性などの分析は、従来、Ｐ／Ｌの分析として行われてきたので、『資金収支計算書』についての一般的な分析比率はありません。

しかし、『資金収支計算書』については、経常的な資金収支を示すのが「事業活動資金収支差額」であり、施設整備の状況に応じた資金を示すのが「施設整備等による収支」であり、以上の収支差額の結果生じた資金の過不足等の調整状況を示すのが、「その他の活動による収支」である、ということを押さえておく必要があります。

以下の比率分析については、33頁の「資金収支計算書の見方」の図を参照しながら、分析してください。

## 資 金 収 支 計 算 書 （単位：千円）

| 勘　定　科　目 | | | A法人 | B法人 | 自法人 | |
|---|---|---|---|---|---|---|
| 事業活動による収支 | 収入 | 介護保険事業収入 | （略） | （略） | | この区分で必ずプラスにする |
| | | ・・・・・・・ | | | | |
| | | 保育事業収入 | | | | |
| | | 就労支援事業収入 | | | | |
| | | （以下省略） | | | | |
| | | 事業活動収入計(1) | 490,587 | 1,140,930 | | |
| | 支出 | 人件費支出 | 338,401 | 620,385 | | |
| | | 事業費支出 | 58,347 | 155,742 | | |
| | | 事務費支出 | 56,602 | 85,950 | | |
| | | 支払利息支出 | 2,139 | 17,266 | | |
| | | 流動資産評価損等による資金減少額 | | 57 | | |
| | | 事業活動支出計(2) | 455,489 | 879,400 | | |
| | | 事業活動資金収支差額(3)＝(1)-(2) | 35,098 | 261,530 | | |
| 施設整備等による収支 | 収入 | 施設整備等補助金収入 | 1,236 | 7,198 | | 施設整備状況に応じる |
| | | 施設整備等寄附金収入 | 20,846 | 26 | | |
| | | 設備資金借入金収入 | | | | |
| | | その他の施設整備等による収入 | | | | |
| | | 施設整備等収入計(4) | 22,082 | 7,224 | | |
| | 支出 | 設備資金借入金元金償還金支出 | 10,680 | 40,639 | | |
| | | 固定資産取得支出 | 6,695 | 22,230 | | |
| | | その他の施設整備等による支出 | | | | |
| | | 施設整備等支出計(5) | 17,375 | 62,869 | | |
| | | 施設整備等資金収支差額(6)＝(4)-(5) | 4,707 | △55,645 | | |
| その他の活動による収支 | 収入 | 長期運営資金借入金元金償還寄附金収入 | | | | 事業活動・施設整備等を調整 |
| | | 借入金元金償還補助金収入 | | | | |
| | | 積立預金取崩収入 | 3,570 | | | |
| | | その他の活動による収入 | 723 | 3,458 | | |
| | | その他の活動収入計(7) | 4,293 | 3,458 | | |
| | 支出 | 投資有価証券取得支出 | | | | |
| | | 積立預金積立支出 | 20,000 | 2,000 | | |
| | | その他の活動による支出 | 8,795 | 4,272 | | |
| | | その他の活動支出計(8) | 28,795 | 6,272 | | |
| | | その他の活動資金収支差額(9)＝(7)-(8) | △24,502 | △2,814 | | |
| 予備費支出(10) | | | － | － | － | |
| 当期資金収支差額合計(11)＝(3)+(6)+(9)-(10) | | | 15,303 | 203,071 | | |

# ‖‖‖ **4** 分析の統合

## (1) 財務諸表の分析でナニを知りたいのか

財務諸表を分析する目的は、経営状況を診断し、問題点や経営改善の方向を見つけ出すことです。

そのためには、財務諸表に表される数値以外の情報も取り入れ、例えば、次のような視点で経営比率を分析し、検討します。このような財務諸表にとどまらない分析を「**経営分析**」と呼んでいます。

| | |
|---|---|
| ① 費用の適正性 | ④ 効率性（収益性） |
| ② 生産性 | ⑤ 成長性 |
| ③ 安定性（安全性） | ⑥ 機能性 |

> 経営分析は多面的な分析であり、ここに記載しているのは、経営分析の、ごく一部に過ぎません。

## (2) 経営分析参考指標

以下では、独立行政法人福祉医療機構 経営サポートセンターの「経営分析参考指標 法人編（社会福祉法人）」（以下、「**経営分析参考指標**」と記載します）にそって、経営分析指標を記載します。

### ① 費用の適正性

「経営分析参考指標」では、次のように説明されています。

> 費用の状況について、良質なサービス提供に必要な支出が行われているか、また、冗費が生じていないかを把握します。一般の経営分析では、売上高に対する諸費用の比率は収益性の指標として整理されています。
>
> 福祉においては、必ずしも費用が安ければよいというものではないことから、費用の適正性という項目を立てました。

費用の適正性に関する経営指標として、以下の指標が示されています。

**従事者１人当たり人件費**

| 算式 | 人 件 費 ÷ 年間平均従事者数 |
|---|---|
| 説明 | ・従事者１人にかかる平均人件費から給与水準を示す指標です。<br>・本指標の値が小さいほど費用削減に寄与することになります。ただし、良質なサービスを提供する上では適切な値に留めることも重要です。 |

### 人件費率

| 算式 | 人　件　費　÷　サービス活動収益 |
|------|-----------------------------------|
| 説明 | ・サービス活動収益に対する人件費の占める割合を示す指標です。<br>・本指標の値が低いほど収益に対する費用の負担は軽くなります。ただし、良質なサービスを提供する上では適切な値に留めることも重要です。 |

### 経　費　率

| 算式 | 経　　費 ※ ÷　サービス活動収益<br>※ 経費 = 事業費 + 事務費 |
|------|-----------------------------------|
| 説明 | ・サービス活動収益に対する経費の占める割合を示す指標です。<br>・本指標の値が低いほど収益に対する費用の負担は軽くなります。ただし、良質なサービスを提供する上では適切な値に留めることも重要です。 |

### 減価償却費率

| 算式 | （減価償却費＋国庫補助金等特別積立金取崩額［マイナス値］）<br>÷　サービス活動収益 |
|------|-----------------------------------|
| 説明 | ・サービス活動収益に対する減価償却費の占める割合を示す指標です。<br>・本指標の値が低いほど収益に対する費用の負担は軽くなります。ただし、良質なサービスを提供する上では適切な値に留めることも重要です。 |

　「国庫補助金等特別積立金取崩額」は、「減価償却費」のマイナスだと考えられるので、「減価償却費」から減価償却に伴う「国庫補助金等特別積立金取崩額」が控除されています。

### 経常収益対支払利息率

| 算式 | 支　払　利　息　÷　経　常　収　益 |
|------|-----------------------------------|
| 説明 | ・経常収益に対する支払利息の占める割合を示す指標です。<br>・本指標の値が低いほど収益に対する費用の負担は軽くなります。 |

② 生産性

基本はⅠ（In-put）－Ｏ（Out-put）の関係です。「経営分析参考指標」では、次のように説明されています。

費用（In-put）対効果（Out-put）ですね。

---

　事業に投入した資源に対する産出量を評価するのが生産性であり、法人の保有する人員や設備が十分に活用され、それにふさわしい収入を上げているかを把握します。

　一般的に、投入要素としては労働と資本が、産出高としては売上高と付加価値などがあります。

---

投入要素を「労働」としてOut-putを見ると、「労働生産性」となります。

上に記載されている「付加価値」とは、企業などの生産者が事業活動（生産活動）によって新たに作り出した価値を指します。

考え方としては、「企業などが購入した原材料等外部購入費用＋付加価値＝生産額（売上高）」であり、付加価値は、賃金、利益、利子、地代・家賃等に分かれることになります。

また、生産性に関する経営指標として、以下の指標が示されています。

### 従事者１人当たりサービス活動収益

| 算式 | サービス活動収益 ÷ 年間平均従事者数 |
|---|---|
| 説明 | ・従事者１人当たりどの程度のサービス活動収益を得ているかによって効率を判断する指標です。<br>・本指標の値が大きいほど職員の収益獲得力が高いことから収益増加あるいは費用削減に寄与することになります。 |

### 労働生産性

| 算式 | 付 加 価 値 額 ※ ÷ 年間平均従事者数<br>※ 付加価値額＝サービス活動収益－（事業費＋事務費＋減価償却費<br>＋国庫補助金等特別積立金取崩額［マイナス値］＋徴収不能額） |
|---|---|
| 説明 | ・従事者１人がどれだけの付加価値を生み出したかを示す指標です。<br>・本指標の値が高いほど、各々の従事者が効率よく価値を生み出し、円滑な運営管理が行われているといえます。 |

　なお、付加価値額の算出方式には、上のように収益から一定のものを控除する方式（控除方式）の他に、加算して求める方式（加算方式）もあります。例えば、日銀方式では、付加価値は次のように示されます。

付加価値＝経常利益＋人件費＋金融費用＋租税公課＋減価償却費

---

**例題－1**　労働生産性とサービス活動収益付加価値率

　サービス活動収益に対する付加価値の割合を、サービス活動収益付加価値率といいます。では労働生産性を高めるためにはどのようなことが考えられるかを、年間平均従事者数、サービス活動収益、付加価値を用いた算式によって示してください。

**【考え方】**

　労働生産性の算式を展開すると、次のようになります。このことから、労働生産性を高めるためには、年間平均従事者数当たりのサービス活動収益を増やすとともに、サービス活動収益に対する付加価値の割合を高める必要があります。

　なお、サービス活動収益付加価値率を高めるためには、経費率を下げる必要があります。

| 労 働 生 産 性 | サービス活動収益<br>付 加 価 値 率 | 従事者1人当たり<br>サービス活動収益 |
|---|---|---|
| $\dfrac{付 加 価 値 額}{年間平均従事者数}$ | $=\dfrac{付 加 価 値 額}{サービス活動収益}$ | $\times\dfrac{サービス活動収益}{年間平均従事者数}$ |

---

**労働分配率**

| 算式 | 人　件　費　÷　付　加　価　値　額 |
|---|---|
| 説明 | ・付加価値が人件費にどれだけ分配されているかを判断する指標です。<br>・本指標の値が低いほど増減差額の割合は高まります。ただし、良質なサービスを提供する上では適切な値に留めることも重要です。 |

　「労働分配率」を変えずに職員の給与諸手当を引き上げるには、付加価値総額を増やす必要があります。そのようなことも、職員に理解してもらって、職場の改善に取り組むことが必要です。

③ 安定性（安全性）

「経営分析参考指標」では、「安定性」という項目で、次のように説明されています。

> 　短期の支払能力や純資産の充実度の状況等をみることによって、安定した施設の財政基盤が確立しているかどうかを把握します。
>
> 　一般の経営分析では通常「安全性」と言われていますが、法人においては財政基盤の安定が何よりも基本的に重要であることから、あえて「安定性」という用語を用いました。

財政基盤を見るので、主にB／Sの比率を見ることになります。

また、安定性に関する経営指標として、以下の指標が示されています。

### 純資産比率

| 算式 | 純 資 産 ÷ 総 資 産 |
|---|---|
| 説明 | ・法人の保有するすべての資産に対する純資産の割合を示す指標です。<br>・本指標の値が高いほど負債の割合が小さく、長期の安定性が高いといえます。 |

### 固定長期適合率

| 算式 | 固 定 資 産 ÷ （純資産 ＋ 固定負債） |
|---|---|
| 説明 | ・建物などの固定資産を取得するための資金が、長期資金でどれだけまかなわれているかを判断する指標です。<br>・本指標の値が低いほど資金調達の安定性があるといえます。 |

### 流動比率

| 算式 | 流 動 資 産 ÷ 流 動 負 債 |
|---|---|
| 説明 | ・１年以内に現金化される資産と１年以内に支払期限の到来する負債を比べることで法人の短期的な支払能力を判断するための指標です。<br>・本指標の値が高いほど支払能力があり、短期の安定性が高いといえます。 |

　以上の安定性に関する比率については、既に「1.『**貸借対照表**』の**分析**」で説明をしています。

　なお、施設整備借入金の償還の状況として、償還のうち元金の部分についての資金繰りが確保されているかどうかを把握する比率として、次のような比率もあります。

### 償還財源 対 長期借入金元金償還額 比率

| 算式 | $$\dfrac{\left(\begin{array}{l}\text{設備資金借入金元金償還支出}\\ +\text{ファイナンスリース債務の返済支出}\\ +\text{長期運営資金借入金元金償還支出}\end{array}\right)}{\div\left(\begin{array}{l}\text{経常増減差額}\\ +\text{減価償却費}\\ +\text{国庫補助金等特別積立金取崩額［マイナス値］}\end{array}\right)}$$ |
|---|---|
| 説明 | ・設備資金や長期運営資金といった借入金の金額とその返済の原資となる増減差額を比べることで、借入金の多寡を判断する指標です。<br>・本指標の値が低いほど返済の負担は小さくなり、安定性があるといえます。 |

　返済できる収支があるか、という視点で見ています。

　分子は返済すべき金額、そして、分母は返済財源です。経常増減差額は、経常的な活動によって生じた純資産の当期増減額ですが、経常増減差額のマイナス項目とされている減価償却は資金支出を伴わないので、経常増減差額に加算されているのです。

> 国庫補助金等特別積立金取崩額は、減価償却費のマイナス項目ですね。

　他に、「安定性」に関する経営指標として、次の指標が示されています。

### 借入金 比率

| 算式 | $$\left(\begin{array}{l}\text{短期運営資金借入金}\\ +1\text{年以内返済予定設備資金借入金}\\ +1\text{年以内返済予定長期運営資金借入金}\\ +1\text{年以内返済予定リース債務}\\ +\text{設備資金借入金}\\ +\text{長期運営資金借入金}+\text{リース債務}\end{array}\right) \div\text{サービス活動収益}$$ |
|---|---|
| 説明 | ・設備資金や長期運営資金といった借入金の金額とその返済の原資となる年間収益額を比べることで、借入金の多寡を判断する指標です。<br>・本指標の値が低いほど返済の負担は小さくなり、安定性があるといえます。 |

**債務償還 年数**

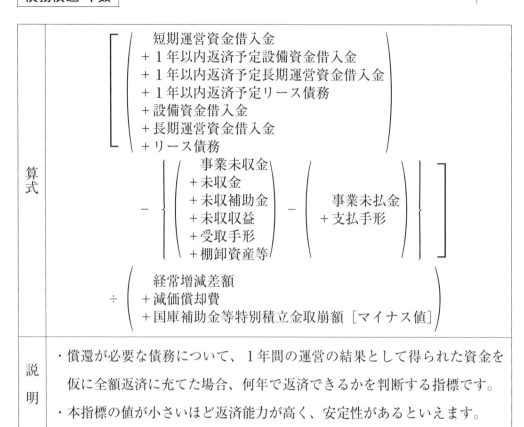

| 算式 | |
| --- | --- |

$$\left[\binom{\text{短期運営資金借入金}}{\substack{+1年以内返済予定設備資金借入金 \\ +1年以内返済予定長期運営資金借入金 \\ +1年以内返済予定リース債務 \\ +設備資金借入金 \\ +長期運営資金借入金 \\ +リース債務}} - \left\{\binom{\text{事業未収金}}{\substack{+未収金 \\ +未収補助金 \\ +未収収益 \\ +受取手形 \\ +棚卸資産等}} - \binom{\text{事業未払金}}{+支払手形}\right\}\right]$$

$$\div \binom{\text{経常増減差額}}{\substack{+減価償却費 \\ +国庫補助金等特別積立金取崩額 [マイナス値]}}$$

| 説明 | ・償還が必要な債務について、1年間の運営の結果として得られた資金を仮に全額返済に充てた場合、何年で返済できるかを判断する指標です。<br>・本指標の値が小さいほど返済能力が高く、安定性があるといえます。 |
| --- | --- |

④ 効率性（収益性）

「経営分析参考指標」では、「収益性」という項目で、次のように説明されています。

> 事業に投下された資本や事業に対する収入の効率性を把握します。
>
> 一般には、小額投資でより多くの利益を確保することが最大の課題となりますが、福祉においては、公共性が高いことを踏まえた上での把握が重要となります。

「経営分析参考指標」が、説明では「効率性を把握します」としながら「収益性」というタイトルで整理したのは、一般の企業、あるいは病院等の分析と平衡を保つためのことだと思われます。

また、「収益性」に関する経営指標として、以下の指標が示されています。

「収益性」という言葉に捉われる必要はありませんが、現在の社会福祉法人には、「効率性」が求められているのです。

### 総資産 経常増減差額 比率

| 算式 | 経常増減差額 ÷ 総 資 産 |
|---|---|
| 説明 | ・法人の保有するすべての資産を使って、どれだけの増減差額を生み出したかといった収益性を示す指標です。<br>・本指標の値が高いほど社会資本として法人に投下された諸資源から次の投下資金が生み出されているといえます。 |

左の説明では、「増減差額」となっていますが、「どれだけの経常増減差額を生み出せたか」ということですね。

なお、「経営分析参考指標 特別養護老人ホーム編」「経営分析参考指標 保育所・認定こども園編」には、「総資産サービス活動増減差額比率」という指標を記載しています。

「総資産サービス活動増減差額比率」は、「経営分析参考指標 法人編（社会福祉法人）」には記載されていません。

### 総資産 サービス活動増減差額 比率

| 算式 | サービス活動増減差額 ÷ 総 資 産 |
|---|---|
| 説明 | ・総資産からどの程度の増減差額を生み出したかを示す指標です。<br>・本指標の値が高いほど収益性が高い事業といえます。 |

上と同じく「増減差額」となっていますが、「サービス活動増減差額」のことです。

**総資産サービス活動増減差額比率**は、使用資産（投下資金）からどれだけの**サービス活動増減差額**を生じているかを示すもので、「効率性」の観点からは、最も大切な比率です。また、この式は、次のように展開することができます。

### 総資産 サービス活動増減差額 比率

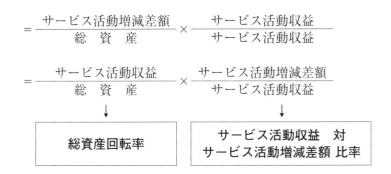

「総資産サービス活動増減差額比率」の式を展開すると分かるように、「総資産サービス活動増減差額比率」は、以下に記載する「総資産回転率」と「サービス活動収益 対 サービス活動増減差額 比率」とから構成されていることが分かります。

## 総資産回転率

| 算式 | サービス活動収益 ÷ 総 資 産 |
|---|---|
| 説明 | ・総資産の金額とその総資産が生み出す年間収益額を比べることで、総資産が有効活用されているかを判断する指標です。<br>・本指標の値が高いほど総資産が収益を生み出しており、有効活用されているといえます。 |

この指標を高めようとすると、各資産を少なくする必要があります。

## サービス活動収益 対 サービス活動増減差額 比率

| 算式 | サービス活動増減差額 ÷ サービス活動収益 |
|---|---|
| 説明 | ・本業であるサービス活動収益から得られた増減差額を示す指標です。<br>・本指標の値が高いほど収益性が高い事業といえます。 |

　他に、「収益性」に関する経営指標として、以下の指標が示されています。

## 経常収益 対 経常増減差額 比率

| 算式 | 経常増減差額 ÷ 経 常 収 益 |
|---|---|
| 説明 | ・本業であるサービス活動収益に受取利息等を加えた、施設に通常発生している収益から得られた増減差額を示す指標です。<br>・本指標の値が高いほど収益性が高い事業といえます。 |

## 固定資産回転率

| 算式 | サービス活動収益 ÷ 固 定 資 産 |
|---|---|
| 説明 | ・固定資産の金額とその固定資産が生み出す年間収益額を比べることで、固定資産が有効活用されているかを判断する指標です。<br>・本指標の値が高いほど固定資産が収益を生み出しており、有効活用されているといえます。 |

分母を有形固定資産とすると「有形固定資産回転率」となります。

### ⑤　成長性

「経営分析参考指標」には、記載されていない考え方ですが、その事業や法人の成長性を見る比率です。

基本は、対前年比増加率と考えて差し支えありません。

サービス活動収益増加率　＞　サービス活動費用増加率

あるいは

サービス活動収益増加率　＞　総資産増加率

となることが望ましいですね。

他に、サービス活動増減差額増加率 や 経常増減差額増加率 を検討します。

### ⑥　機能性

①から⑤では、「経営分析参考指標　法人編（社会福祉法人）」にそって、経営分析指標を記載してきましたが、経営分析を的確に行うには、その前提として、財務数値以外の施設の機能等を把握しておくことが大切です。「機能性」は、運営する施設によって指標が異なりますので、「経営分析参考指標　法人編 (社会福祉法人) 」には記載されていませんが、「経営分析参考指標　特別養護老人ホーム編」、「経営分析参考指標 保育所・認定こども園編」では、次のように説明しています。

> 財務等の定量的診断を行う前提として、そのために不可欠な施設の機能やサービス内容を把握します。
>
> なお、これらはサービス活動収益の基礎となるものです。

成分を定めることを「定性」といい、その量を定めることを「定量」といいます。

以下では、【A】特別養護老人ホーム、【B】保育所及び認定こども園、【C】障害施設について、参考となる指標を記載します。

なお、「機能性」の分析は、施設種類別の経営分析参考指標においては、①から⑤の指標の前に記載されています。地域や事業内容を把握した上で分析に入ることを前提としているためだと考えられます。

皆様も、経営分析では、まず、地域や事業内容を把握してから進めていってください。

## 【A】特別養護老人ホーム の機能性に関する経営指標

### 利用率

| 算式 | 年間延べ利用者数 ÷ 年間延べ定員数 |
|---|---|
| 説明 | ・事業の定員数に対して、どの程度のサービス利用が行われたかを示す指標です。<br>・本指標の値が高いほど施設が有効に活用されていることとなり、収益増加に寄与することになります。 |

利用率は、施設の開設当初から100%近い水準が望ましいものと思われます。

### 要介護度

| 算式 | （要支援等の人数×0）＋（要介護度1の人数×1）＋（要介護度2の人数×2）＋（要介護度3の人数×3）＋（要介護度4の人数×4）＋（要介護度5の人数×5）<br>÷ 年間延べ利用者数 |
|---|---|
| 説明 | ・利用者の要介護度の平均から介護報酬単価の多寡を判断する指標です。<br>・本指標の値が高いほど介護報酬単価が上がるため、収益増加に寄与することになります。 |

### 定員1人当たりサービス活動収益

| 算式 | サービス活動収益 ÷ 定員数 |
|---|---|
| 説明 | ・サービス活動収益を定員数で割り戻した収益であり、事業全体の収益性を判断する指標です。<br>・本指標の値が大きいほど収益増加に寄与することになります。 |

### 利用者1人1日当たりサービス活動収益

| 算式 | サービス活動収益 ÷ 年間延べ利用者数 |
|---|---|
| 説明 | ・サービス活動収益を年間延べ利用者数で割り戻した収益であり、事業全体の収益性を判断する指標です。<br>・本指標の値が大きいほど収益増加に寄与することになります。 |

左の指標は「経営分析参考指標 特別養護老人ホーム編」に記載されています。

### 利用者10人当たり従事者数

| 算式 | 従業者数 × 開所日数 ÷ 年間延べ利用者数 × 10 |
|---|---|
| 説明 | ・利用者10人に対して配置される職員数からその多寡を判断する指標です。<br>・本指標の値が小さいほど費用削減に寄与することになります。<br>・ただし、良質なサービスを提供する上では適切な値に留めることも重要です。 |

## 【B】 保育所及び認定こども園 の機能性に関する経営指標

左の指標は「経営分析参考指標保育所・認定こども園編」に記載されています。

### 利用率

| 算式 | 月別在所児数の年間合計 ÷ （ 定員数 × 12 ） |
|---|---|
| 説明 | ・事業の定員数に対して、どの程度のサービス利用が行われたかを示す指標です。<br>・本指標の値が高いほど施設が有効に活用されていることとなり、収益増加に寄与することになります。 |

### 3歳未満児比率

| 算式 | 0～2歳児に係る月別在所児の年間合計÷月別在所児の年間合計<br>÷　年間延べ利用者数<br><br>※（認定こども園の「3歳未満児比率」は次の式で算式しています。）<br><br>0～2歳児に係る月別在所児数の年間合計<br>÷　1号認定を含まない月別在所児数の年間合計 |
|---|---|
| 説明 | ・在所児の年齢比率から、サービスの対価としての収益額の多寡を判断する指標です。<br>・本指標の値が高いほど収益単価が高いため、収益増加に寄与することになります。 |

### 3歳児比率（1号認定）

| 算式 | 月別在1号認定（3歳児）に係る月別在所児数の年間合計<br>÷1号認定に係る所児数の年間合計 |
|---|---|
| 説明 | ・在所児の年齢比率から、サービスの対価としての収益額の多寡を判断する指標です。<br>・本指標の値が高いほど収益単価が高いため、収益増加に寄与することになります。 |

### 児童1人1月当たりサービス活動収益

| 算式 | サービス活動収益　÷　月別在所児数の年間合計 |
|---|---|
| 説明 | ・在所児1人1月当たりのサービス活動収益から、サービスの対価としての収益額の多寡を判断する指標です。<br>・本指標の値が大きいほど収益単価が高いため、収益増加に寄与することになります。 |

### 児童10人当たり従事者数

| 算式 | 年間平均従事者数 × 12 ÷ 月別在所児数の年間合計 × 10 |
|---|---|
| 説明 | ・在所児10人に対して配置される職員数からその多寡を判断する指標です。<br>・本指標の値が小さいほど費用削減に寄与することになります。<br>・ただし、良質なサービスを提供する上では適切な値に留めることも重要です。 |

### 【C】障害福祉サービス の機能性に関する指標

　「経営分析参考指標　障害福祉サービス《日中活動系サービス》編」
では、以下の指標が示されています。

## 利用率

| 算式 | 年間延べ利用者数　÷　年間延べ定員数 |
|---|---|
| 説明 | ・事業の定員数に対して、どの程度のサービス利用が行われたかを示す指標です。<br>・本指標の値が高いほど施設が有効に活用されていることとなり、収益増加に寄与することになります。 |

## 障害支援区分

| 算式 | $\{$（区分1の人数×1）＋（区分2の人数×2）＋（区分3の人数×3）＋（区分4の人数×4）＋（区分5の人数×5）＋（区分5の人数×5）$\}$　÷　年間延べ利用者数 |
|---|---|
| 説明 | ・利用者の障害支援区分の平均から、障害福祉サービス報酬単価の多寡を判断する指標です。<br>・本指標の値が大きいほど障害福祉サービス報酬単価が上がるため、収支増加に寄与することになります。 |

## 利用者1人1日当たりサービス活動収益

| 算式 | サービス活動収益　÷　年間延べ利用者数 |
|---|---|
| 説明 | ・サービス活動収益を年間延べ利用者数で割り戻した収益であり、事業全体の収益性を判断する指標です。<br>・本指標の値が大きいほど収益増加に寄与することになります。 |

## 利用者10人当たり従事者数

| 算式 | 年間従業者数　÷　年間延べ利用者数　×　10 |
|---|---|
| 説明 | ・利用者10人に対して配置される職員数からその多寡を判断する指標です。<br>・本指標の値が小さいほど費用削減に寄与することになります。<br>・ただし、良質なサービスを提供する上では適切な値に留めることも重要です。 |

　また、「経営分析参考指標」には記載されていませんが、一般の経営分析では、**「労働装備率」**も使われます。これは、有形固定資産を従事者数で割り戻した値であり、事業全体の機能性を判断する指標です。

$$労働装備率　=　有形固定資産　÷　年間平均従事者数$$

　従事者一人当たりの有形固定資産が多いほど、労働装備率は大きくなります。分析対象法人が最新の設備などを積極的に導入し、従事者を過剰に配置していない場合、労働装備率は高くなると考えられ、一般的に、労働集約型のサービス業よりも資本集約型の製造業の方が、労働装備率が大きくなる傾向にあります。

---

**例題-2　労働生産性を上げるには？**

　労働生産性を上げるためには、優れた設備を導入するとともに、導入した設備を有効に活用することがポイントになります。これらのことを、算式をもって示してください。

**【解答例】**

　次のように、設備導入によって付加価値率を高め、有形固定資産回転率を上げる必要がある。

| 労働生産性 | | 労働装備率 | | 有形固定資産回転率 | | サービス活動収益<br>付加価値率 |
|---|---|---|---|---|---|---|
| $\dfrac{付加価値額}{年間平均従事者数}$ | $=$ | $\dfrac{有形固定資産}{年間平均従事者数}$ | $\times$ | $\dfrac{サービス活動収益}{有形固定資産}$ | $\times$ | $\dfrac{付加価値額}{サービス活動収益}$ |

---

### 《独立行政法人福祉医療機構の「経営分析参考指標」について》

　独立行政法人福祉医療機構のホームページには、参考になる資料が多く掲載されています。アドレスは次のとおりです。

http://www.wam.go.jp/hp/

　なかでも、次のアドレスからは、特別養護老人ホーム、ケアハウス、保育所および認定こども園などの経営状況が、経営分析参考指標とともに分析されているページに進むことができます。（ダイジェスト版のみ無料で閲覧できます。）

http://www.wam.go.jp/hp/guide-keiei-keieiqa-tabid-1976/

　また、独立行政法人 福祉療機構では、社会福祉法人及び特別養護老人ホームの経営における現場の声・実態を把握し、社会福祉政策の適切な運営に寄与するため、四半期ごと（6月・9月・12月・3月）に「社会福祉法人経営動向調査」を実施しています。次のアドレスからは、その結果のページに進むことができます。

https://www.wam.go.jp/hp/sh-survey/

　分析の学習のためにも、また、自法人の経営状況を把握するためにも、是非とも活用してください。

# ▌▌▌▌ 5 分析の心得

## (1) ナニと比較するのか

　自法人の経営分析数値だけでは、それが高いのか低いのかの判断がつきません。そのためには**ナニと比較するのか**を考える必要があります。

　一番簡単な比較は、**自法人の過去の数値と比較する**ことです。ここ2～3年のトレンドを分析するのです。そうすると、悪くなったところ、改善できたところが見えてきます。

　また、独立行政法人福祉医療機構の**「経営分析参考指標」と比較する**ことも大切です。「経営分析参考指標」と比較すると、自法人の客観的な位置が分かります。平均と比べた収益の多寡、各費用の多寡などが分かります。しかし、「経営分析参考指標」はあくまで平均値です。外部に作業を委託している場合と、そうでない場合とでは人件費率も違ってきますが、「経営分析参考指標」との比較だけでは、そのようなことは分かりません。

　もっとも具体的で改善に役立つ分析は、**目に見える他の法人（あるいは施設）と比較する**ことです。同一地域、同一規模、同種施設との比較がもっとも明確です。百分率B／Sと百分率P／Lを比較するだけでも様々なことが分かります。

## (2) 経営分析の限界

　経営分析には限界があります。数量的、定量的な分析に偏りがちです。特に、財務諸表を中心とした分析は、あくまでも会計的な分析です。

　数値の高低で、そのまま施設の良否を判断することはできません。人件費の低減は、サービス活動増減差額の増大に直結します。しかし、それが法人の理念に照らしてあるべき姿なのかどうか、職員の過重労働、定着率の悪化につながっていないのかどうか。それらのことを考えて、総合的に判断する必要があります。生きている**人の喜びや悲しみ、夢や希望、志といったものは、直接には数値に反映されない**のです。

　しかし、理想があるからといって、無駄やサービス活動増減差額のマイナスが許されるわけではありません。夢想家ではなく、現実に立脚した社会福祉事業家として、福祉を支えてゆく必要があるのではないでしょうか。

「去年より人件費率が上がったけど、なぜなのだろう？」、昨年と比べて、「ここは、これだけ改善できたなぁ」というように見ます。

可能なら、比較対象施設の理事長、施設長とともに、お互いの数値が何故このように違うのか、改善すべき点は何なのかを、施設の実態を踏まえて、率直に意見交換してください。そのような意見交換ができたら、多額なコンサルタント料を支払うよりも、大きな価値を得ることができると思います。

**練習問題 ⑮ 分析その1**

　D社会福祉法人（以下「D法人」という。）の決算整理後の事業活動計算書、貸借対照表及びその他の事項は以下のとおりです。次の設問に答えてください。

**設問1**

　解答欄にある①～⑨の経営指標を求めてください。なお、当該経営指標を計算するにあたっては、解答欄に示されている単位未満の小数第2位を四捨五入し小数第1位まで求めて下さい。ただし、金額を求める場合には千円未満の端数を四捨五入してください。

事業活動計算書

| D法人 | | （自）××01年4月1日（至）××02年3月31日 | | （単位：千円） |
|---|---|---|---|---|
| 勘　定　科　目 | | | 金額 | 備考 |
| サービス活動増減の部 | 収益 | 介護保険事業収益 | 174,242 | |
| | | 老人福祉事業収益 | 17,484 | |
| | | その他の収益 | 16,351 | |
| | | サービス活動収益計 | 208,077 | |
| | 費用 | 人件費 | 121,347 | |
| | | 事業費 | 34,572 | |
| | | 事務費 | 30,975 | |
| | | 減価償却費 | 16,011 | |
| | | 国庫補助金等特別積立金取崩額 | △10,070 | |
| | | サービス活動費用計 | 192,835 | |
| | | サービス活動増減差額 | 15,242 | |
| サービス活動外増減の部 | 収益 | 受取利息配当金収益 | 75 | |
| | | サービス活動外収益計 | 75 | |
| | 費用 | 支払利息 | 1,505 | |
| | | サービス活動外費用計 | 1,505 | |
| | | サービス活動外増減差額 | △1,430 | |
| | | 経常増減差額 | 13,812 | |
| 特別増減の部 | 収益 | 施設整備等補助金収益 | 1,560 | |
| | | 施設整備等寄附金収益 | 1,020 | |
| | | 特別収益計 | 2,580 | |
| | 費用 | 固定資産売却損・処分損 | 1,104 | |
| | | 特別費用計 | 1,104 | |
| | | 特別増減差額 | 1,476 | |
| | | 当期活動増減差額 | 15,288 | |

### 貸借対照表
D法人 ××02年3月31日現在 （単位：千円）

| 借方 | 金額 | 貸方 | 金額 |
|---|---:|---|---:|
| 現 金 預 金 | 73,660 | 事 業 未 払 金 | 6,929 |
| 事 業 未 収 金 | 23,791 | 職 員 預 り 金 | 973 |
| 立 替 金 | 1,075 | 1年以内返済予定設備資金借入金 | 2,400 |
| 建 物（基 本 財 産） | 354,600 | 設 備 資 金 借 入 金 | 33,600 |
| 土 地（基 本 財 産） | 53,000 | 退 職 給 付 引 当 金 | 42,588 |
| 建 物（基 本 財 産 以 外） | 44,530 | 基 本 金 | 125,700 |
| 器 具 及 び 備 品 | 5,400 | 国 庫 補 助 金 等 特 別 積 立 金 | 255,337 |
| 権 利 | 70 | 次 期 繰 越 活 動 増 減 差 額 | 132,653 |
| ソ フ ト ウ ェ ア | 1,466 | | |
| 退 職 給 付 引 当 資 産 | 42,588 | | |
| 資産の部合計 | 600,180 | 負債及び純資産の部合計 | 600,180 |

〈その他の事項〉

① D法人の年間延べ定員数は18,250名（50名定員）である。

② D法人の月間別の延べ入所者数と従事者数は、以下のとおりである。

| 月 ＼ 摘要 | 延べ入所者数（名） | 従事者数（名） |
|---|---:|---:|
| 4 | 1,436 | 30 |
| 5 | 1,396 | 31 |
| 6 | 1,446 | 31 |
| 7 | 1,512 | 32 |
| 8 | 1,392 | 32 |
| 9 | 1,466 | 32 |
| 10 | 1,498 | 32 |
| 11 | 1,471 | 32 |
| 12 | 1,430 | 32 |
| 1 | 1,416 | 32 |
| 2 | 1,413 | 31 |
| 3 | 1,498 | 31 |
| 合計 | 17,374 | 378 |

### 設問2

(1)　会計基準では、損益計算の考え方を導入することとしています。上記 ［設問1］ の経営指標のうち、社会福祉法人が費用の適正性を管理することに役立つ経営指標をすべて選んで、記号で答えてください。

(2)　上記(1)の経営指標に関して、社会福祉法人においてどのようなことに注意するべきかを、100字以内で説明してください。

### 【解答欄】

### 設問1

| ① | 流動比率 | ％ |
|---|---|---|
| ② | 総資産回転率 | 回 |
| ③ | 純資産比率 | ％ |
| ④ | 従事者1人当たりサービス活動収益 | 千円 |
| ⑤ | 従事者1人当たり人件費 | 千円 |
| ⑥ | 経費率 | ％ |
| ⑦ | 経常収益対支払利息率 | ％ |
| ⑧ | 総資産サービス活動増減差額比率 | ％ |
| ⑨ | 利用率 | ％ |

### 設問2

(1)

(2)

**練習問題 ⑯ 分析その2**

経営指標について、次の各設問に答えてください。

**設問1**

次の項目は社会福祉法人の費用の適正性に関する経営指標です。空欄に適切な語句を記入してください。なお、同じ番号の空欄には同じ語句が入ります。

・従事者一人当たり人件費　　　 算式 　人　件　費　÷　年間（ ① ）従事者数

・人件費率　　　　　　　　　　 算式 　人　件　費　÷　（　　② 　　）

・経費率　　　　　　　　　　　 算式 　経　　　費　÷　（　　② 　　）

　　この「経費」は、「 事業費＋事務費 」である。

・減価償却費率　　　　　　　　 算式 $\dfrac{\left(\begin{array}{c}(\quad ③\quad)\\ +国庫補助金等特別積立金取崩額[マイナス値]\end{array}\right)}{サービス活動収益}$

・経常収益対支払利息率　　　　 算式 　支　払　利　息　÷　（　　④ 　　）

**【解答欄】**

| ① | |
|---|---|
| ② | |
| ③ | |
| ④ | |

**設問2**

　次の項目は社会福祉法人の効率性（収益性）に関する経営指標です。空欄の⑤に適切な語句を、また空欄の⑥に該当する経営指標の名称を記入してください。

・ 総資産サービス活動増減差額比率

　算式　　サービス活動増減差額 ÷ 総 資 産

　この「総資産サービス活動増減差額比率」は、一定の使用資産（投下資金）からどれだけの（　　⑤　　）を生じているかを示すもので、「効率性」の観点からは、最も大切な比率である。また、この式は、次のように展開することができる。

・ 総資産サービス活動増減差額比率

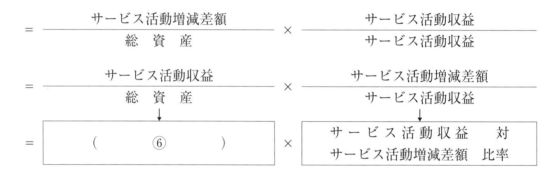

・（　　　⑥　　　）

　算式　　サービス活動収益 ÷ 総 資 産

・サービス活動収益 対 サービス活動増減差額 比率

　算式　　サービス活動増減差額 ÷ サービス活動収益

**【解答欄】**

| ⑤ | |
|---|---|
| ⑥ | |

**設問3**

　次の算式は、生産性、安定性、機能性の項目に属する経営指標です。どの項目に属する経営指標であるのか、解答欄に記号を記入するとともにその名称を記入してください。

| 記号 | 算　　式 |
|---|---|
| イ | 人　件　費　÷　付　加　価　値　額 |
| ロ | 従事者数　×　開所日数　÷　年間延べ利用者数　×　10 |
| ハ | $\div \dfrac{\left(\begin{array}{l}\text{設備資金借入金元金償還金支出}\\ +\text{ファイナンスリース債務の返済支出}\\ +\text{長期運営資金借入金元金償還支出}\end{array}\right)}{\left(\begin{array}{l}\text{経常増減差額}\\ +\text{減価償却費}\\ +\text{国庫補助金等特別積立金取崩額［マイナス値］}\end{array}\right)}$ |
| ニ | 固　定　資　産　÷　（純　資　産　＋　固定負債） |
| ホ | 年間延べ利用者数　÷　年間延べ定員数 |
| ヘ | サービス活動収益　÷　年間平均従事者数 |

【解答欄】

| 項目 | 記号 | 経営指標の名称 |
|---|---|---|
| 生産性 | | |
| 安定性 | | |
| 機能性 | | |

設問4

　財務諸表の分析は非常に有益なものであるが限界があると言われますが、どのような限界があると言われるのかについて、60字以内で簡潔に説明してください。

【解答欄】

| | | | | | | | | | | | | | | | | | | | |
|---|---|---|---|---|---|---|---|---|---|---|---|---|---|---|---|---|---|---|---|
| | | | | | | | | | | | | | | | | | | | |
| | | | | | | | | | | | | | | | | | | | |
| | | | | | | | | | | | | | | | | | | | |
| | | | | | | | | | | | | | | | | | | | |

---

**練習問題** ⑰ 複合問題

　E社会福祉法人（以下「E法人」という。）の要約貸借対照表は、次のとおりです。

E法人　　　　　　　　　　　　<u>要約貸借対照表</u>
　　　　　　　　　　　　　　　××02年3月31日現在　　　　　　（単位：千円）

| 資産の部 | | 負債の部 | |
|---|---|---|---|
| 流動資産 | 223,180 | 流動負債 | 41,590 |
| 現金預金、有価証券、事業未収金等 | 223,180 | 事業未払金等 | 38,820 |
| | | 賞与引当金 | 2,595 |
| | | その他の引当金 | 175 |
| | | 固定負債 | 184,840 |
| | | 設備資金借入金 | 172,414 |
| | | 退職給付引当金 | 9,616 |
| | | その他の引当金 | 2,810 |
| 固定資産 | 804,120 | | |
| | | 負債の部合計 | 226,430 |
| 基本財産 | 655,220 | 純資産の部 | |
| （土地・建物、基本財産特定預金） | | 基本金 | 173,575 |
| | | 国庫補助金等特別積立金 | 319,474 |
| その他の固定資産 | 148,900 | その他の積立金 | 65,806 |
| （土地・建物、積立預金等） | | 次期繰越活動増減差額 | 242,015 |
| | | （うち当期活動増減差額） | (20,948) |
| | | 純資産の部計 | 800,870 |
| 資産の部合計 | 1,027,300 | 負債及び純資産の部合計 | 1,027,300 |

**設問1**

　法人がサービス活動増減差額を累積した金額を「内部留保」と定義すると、E法人の内部留保金額はいくらと計算されますか。

　　　　　　　　　　　　　　　　　　　　　　　　　　　　　　□□□□□□　千円

**設問2**

　**設問1**　で計算された内部留保金額を何らかの活動資金に充てられるのではないかとの考え方が理事会で出されました。この考え方の問題点を75文字以内で簡潔に記載してください。

|  |  |  |  |  |  |  |  |  |  |
|---|---|---|---|---|---|---|---|---|---|
|  |  |  |  |  |  |  |  |  |  |
|  |  |  |  |  |  |  |  |  |  |
|  |  |  |  |  |  |  |  |  |  |
|  |  |  |  |  |  |  |  |  |  |
|  |  |  |  |  |  |  |  |  |  |

**設問 3**

　E法人の総資産回転率が 0.34 であるとした場合、E法人の年間サービス活動収益はいくらと計算されますか。

　　　　　　　　　　　　　　　　　　　　　　　　　　□　千円

**設問 4**

　E法人のサービス活動収益の2か月分が事業未収金であるとした場合、E法人の事業未収金はいくらと計算されますか。計算上生じる千円未満の端数は四捨五入してください。

　　　　　　　　　　　　　　　　　　　　　　　　　　□　千円

**設問 5**

　E法人の固定資産は、804,120 千円が計上されていますが、社会福祉法人の会計にあっては、この内、積立預金はいくら以上あると推定されますか。

　　　　　　　　　　　　　　　　　　　　　　　　　　□　千円

**設問 6**

　E法人が減価償却資産を取得するに当たって、平均70％の国庫補助金等の補助を受けているとした場合、E法人の現在の償却資産帳簿価額はいくらになりますか。なお、残存価額はゼロとして計算してください。また、計算上生じる千円未満の端数は四捨五入してください。

　　　　　　　　　　　　　　　　　　　　　　　　　　□　千円

**設問 7**

　**設問 6** の結果（端数四捨五入後）を前提とし、E法人の償却が耐用年数のちょうど半分まで進んでいるとした場合、E法人の償却資産の取得価額はいくらと計算されますか。

　　　　　　　　　　　　　　　　　　　　　　　　　　□　千円

**設問 8**

　以上の計算結果を前提とし、償却資産の残存耐用年数が20年であって、次期以降の各期において、E法人が減価償却を行い、国庫補助金等特別積立金の取崩を行って当期活動増減差額がちょうどゼロである場合、今後20年間に事業活動から生み出される長期借入金の返済財源はいくらと計算されますか。

　　　　　　　　　　　　　　　　　　　　　　　　　　□　千円

設問9

　以上を前提とし、E法人が20年後に10億円を投じて施設を再生するとした場合、国庫補助金等が無いものとすると、E法人の施設再生にはどのような問題が生じると考えられますか。

　以下のスペースに、あなたの意見を自由に記載してください。

# Ⅵ

# 社会福祉充実残額の算定

現在の社会福祉法人は、毎会計年度において、「社会福祉充実残額」があるときには、「社会福祉充実計画」を作成し、所轄庁の承認を得ることとされています（既に承認された「社会福祉充実計画」の実施期間中は除きます）。

「社会福祉充実計画」とは、現に行っている社会福祉事業、若しくは公益事業（既存事業）の充実又は既存事業以外の社会福祉事業若しくは公益事業（新規事業）の実施に関する計画です。

また、「社会福祉充実残額」とは、純資産の額から、事業継続に必要な財産の額を控除して得た額とされています。

ここでは、「社会福祉充実残額」の算定について学びます。

# ⅠⅠⅠⅠⅠ **1** 概　要

## ⑴　社会福祉充実残額をめぐる経緯

　2011年7月の日刊紙で社会福祉法人の黒字や純資産が大きく取り上げられ、その中で「社会福祉法人の多くは事業拡人に消極的」等々の批判がなされました。これを端緒として、社会福祉法人の「内部留保」が明瞭に把握できない（財務・経営内容の透明性の問題）、あるいは、公益性が求められる法人として不適切な経営がみられる（ガバナンスの問題）等々が指摘・議論され、その結果、社会福祉法人制度が大きく改革されることとなり、平成28年3月に社会福祉法が改正されました。このような経緯もあり、「社会福祉充実残額」と「社会福祉充実計画」とは、平成28年3月の社会福祉法改正の中心課題の一つであると言えるでしょう。

2011年は東日本大震災のあった年です。
左の「黒字」・「内部留保」については「⑵「内部留保」の意味」以下で詳しく説明します。

## ⑵　「内部留保」の意味

　営利企業が事業活動を行った結果として増加した純資産額を、一般に「利益」といいます。

　営利企業の場合、利益が生じると、配当として出資者に還元されることが期待されています。しかし、配当を行った場合に企業外部に流出したであろう資金を、配当を行わずに事業の再投資に充てることもあります。

　このように配当した場合と、配当しなかった場合との相違を図で示すと次のようになります。

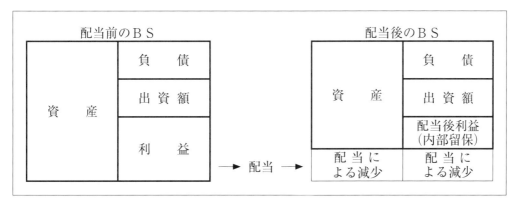

利益の額を超える配当は、出資の払い戻しとなります。

　上の図の配当後利益は、累積された利益の内、配当等で法人外に流出せずに法人内部に留保されているものなので、これを指して一般に「内部留保」と呼称しています。

「内部留保」は会計学上の用語ではないようです。

### (3)　「内部留保」と「社会福祉充実残額」

　「利益」は、営利企業が事業活動を行った結果生じた純資産の増加額ですので、社会福祉法人会計でいうところのプラスの「事業活動増減差額」に相当します。また、「内部留保」は、累積された利益の内、配当等で法人外に流出せずに内部に留保されたものを意味していますので、法人外への流出がない社会福祉法人にとっては、純資産から基本金と国庫補助金等特別積立金を差し引いた部分が「内部留保」であるとされます。

　社会福祉法人の「内部留保」の多いことが批判の対象となり、これを財源として震災復興等に充てたらどうか等の議論もあったのですが、前頁の図から分かるように、「内部留保」は資産の項目ではありませんので、実際の資産が社会福祉事業等に使用されている場合には、「内部留保」を財源として何かに支出することは不可能です。

　そこで、現在の社会福祉法では、「資産の額 － 負債の額」（つまり、純資産の額）が、「事業継続に必要な財産の額」を超える場合には、「社会福祉充実計画」を作成し、所轄庁の承認を得ることとしました。また、「資産の額 － 負債の額」が、「事業継続に必要な財産の額」を超える額を「社会福祉充実残額」としています。

「社会福祉充実残額」の呼称は、社会福祉法55条の2第3項第4号に定められています。

　社会福祉法では、次のように規定しています。

【社会福祉法】

---

**（社会福祉充実計画の承認）**

**第五十五条の二**　社会福祉法人は、毎会計年度において、<u>第一号に掲げる額が第二号に掲げる額を超えるとき</u>は、厚生労働省令で定めるところにより、当該会計年度の前会計年度の末日（同号において「基準日」という。）において現に行つている社会福祉事業若しくは公益事業（以下この項及び第三項第一号において「既存事業」という。）の充実又は既存事業以外の社会福祉事業若しくは公益事業（同項第一号において「新規事業」という。）の実施に関する計画（以下「<u>社会福祉充実計画</u>」という。）<u>を作成し</u>、これを所轄庁に提出して、その<u>承認を受けなけ</u>ればならない。ただし、当該会計年度前の会計年度において作成した第十一項に規定する承認社会福祉充実計画の実施期間中は、この限りではない。

　一　当該会計年度の前会計年度に係る貸借対照表の資産の部に計上した額から負債の部に計上した額を控除して得た額

　二　基準日において現に行つている事業を継続するために必要な財産の額として厚生労働省令で定めるところにより算定した額

---

左は、社会福祉法55条の2の第1項のみを記載し、第2項以下を省略しています。

左の第1号は純資産の額となりますね。

## ⑷　「社会福祉充実残額」の考え方

　社会福祉法第55条の２第３項第４号では、次の①の額から②の額を控除した額を、毎会計年度における**社会福祉充実残額**と規定しています。

①　当該会計年度の前会計年度に係る貸借対照表の資産の部に計上した額から負債の部に計上した額を控除して得た額

②　基準日において現に行っている事業を継続するために必要な財産の額として厚生労働省令で定めるところにより算定した額

基準日は前会計年度の末日です。

　①の額は、「資産－負債」ですので「純資産」の額ですね。また②の額は、厚生労働省令によって、次のＡ～Ｃの合計額（これを「**控除対象財産**」といいます）からＡに対応する負債を控除した額としています。

社会福祉法施行規則第６条の14

　　Ａ：事業の実施に必要な財産

　　Ｂ：Ａの固定資産再取得に必要な財産

　　Ｃ：Ａの事業実施に必要な運転資金

考え方を図示すると、次のようになります。

前会計年度末日（基準日）の貸借対照表

| ②　**控除対象財産**等<br>＝（ Ａ＋Ｂ＋Ｃ の財産<br>　－（Ａに対応する負債））| ①　純　資　産 |
|---|---|
| 社会福祉充実残額 | |

より詳しく図示すると、次のとおりです。

前会計年度末日（基準日）の貸借対照表

| Ａ　社会福祉事業、公益事業及び収益事業の実施に必要な財産 | 負債の内Ａの財産に相当する額 |
|---|---|
| Ｂ　Ａに掲げる財産のうち固定資産の再取得等に必要な額に相当する財産 | 純資産（法55条の２第１項第１号） |
| Ｃ　Ａの事業の実施のため最低限必要となる運転資金 | |
| 社　会　福　祉　充　実　残　額 | |

（網掛け部分の　Ａ・Ｂ・Ｃ　が「控除対象財産」です）

左の図では、控除対象財産から控除する負債を右側に記載しています。

# 2 社会福祉充実残額算定の実際

## ⑴ 「事務処理基準」

社会福祉充実残額の実際の算定方法については、「社会福祉充実計画の承認等に係る事務処理基準」(以下「事務処理基準」と記載します。)に規定されています。

以下、「事務処理基準」に基づいて社会福祉充実残額の算定方法について学びます。

## ⑵ 社会福祉充実残額の算定式

社会福祉充実残額の算定について、「事務処理基準」が示す計算式を見易く記載すると次のようになります。

社会福祉充実残額

= ① 活用可能な財産

－ ( ② 社会福祉法に基づく事業に活用している不動産等
③ 再取得に必要な財産
④ 必要な運転資金 )

また、計算式の①から④については、次のように定められています。

① 活用可能な財産
= 資産 － 負債 － 基本金 － 国庫補助金等特別積立金

② 社会福祉法に基づく事業に活用している不動産等
= 財産目録により特定した事業対象不動産等に係る貸借対照表価額の合計額○円 － 対応基本金○円 － 国庫補助金等特別積立金○円 － 対応負債○円

③ 再取得に必要な財産
= 【ア 将来の建替に必要な費用】
( 建物に係る減価償却累計額○円 × 建設単価等上昇率 ) × 一般的な自己資金比率（％）

【イ 建替までの間の大規模修繕に必要な費用】
( 建物に係る減価償却累計額○円 × 一般的な大規模修繕費用割合（％） ) － 過去の大規模修繕に係る実績額○円
［実績額が不明な法人についての特例があります］

【ウ 設備・車両等の更新に必要な費用】
減価償却の対象となる建物以外の固定資産注に係る減価償却累計額の合計額○円 ( 注 ②において財産目録で特定したものに限る )

④ 「必要な運転資金」
= 年間事業活動支出の３か月分○円 ( 主として施設・事業所の経営を目的としていない法人等の特例があります )

「事務処理基準」は「社会福祉法第55条の２の規定に基づく社会福祉充実計画の承認等について」(平成29年１月24日 雇児発0124第１号・社援発0124第１号・老発0124第１号) 別添として示されています。

事務処理基準６頁参照（なお「事務処理基準×頁」と示す頁数は正しくは上の通知の頁数です。以下、同様です。)

左の括弧（ ）内が**控除対象財産**です。

左の表中の網掛部分は、前頁の法律の定めを表す図では記載されていない部分です。

計算過程で生じた１円未満端数を切捨て、最終計算結果の１万円未満端数を切捨てます。

## (3)　「活用可能な財産」の算定

　計算式の中の、「① 活用可能な財産」は、次のようになっています。

　　活用可能な財産 = 資産 − 負債 − 基本金 − 国庫補助金等特別積立金

　つまり、下の図の網掛け部分となります。この計算の結果「① 活用可能な財産」がゼロ以下となる場合は、社会福祉充実残額が生じないことが明らかなので、以降の計算は不要となります。

**基準日現在貸借対照表**

| 資　産　合　計 | 純資産合計 | 負　債　合　計 |
| | | 基本金<br>国庫補助金等特別積立金 |
| | | その他の積立金<br>○○積立金<br>次期繰越活動増減差額<br>（うち当期活動増減差額） |

← 活用可能な財産

　法第55条の２第１項では、「純資産」から控除対象財産額を控除することとしていますが、これと異なり、「事務処理基準」の計算式では、「活用可能な財産」を、「純資産」からさらに「基本金」と「国庫補助金等特別積立」とを控除したもの（いわゆる「内部留保」）とすることとしています。

## (4)　「社会福祉法に基づく事業に活用している不動産等」の算定

### ①　基本的な考え方

　「社会福祉法に基づく事業に活用している不動産等」として控除対象となる財産は、法人が現に実施する社会福祉事業等に、直接又は間接的に供与されている財産であって、当該財産がなければ事業の実施に直ちに影響を及ぼし得るものとされています。一方、法人が実施する社会福祉事業等の実施に直ちに影響を及ぼさない財産は、控除対象とはなりません。

　具体的な内容については、原則として、次表に掲げるとおりであることとされています。なお、「現に実施する社会福祉事業等」は「社会福祉事業」に限定されておらず、公益事業、収益事業を含んでいます。

---

事務処理基準７～８頁参照

「活用可能な財産」がゼロ以下となる場合は、その法人の経営が危機に直面している場合だと考えるべきだと思われます。

法令では「純資産」から控除対象財産等を差引くのですが、「事務処理基準」では、いきなり「内部留保」からスタートしています。

事務処理基準８頁以下参照
社会福祉法施行規則６条の14第１項参照

### ❏　控除対象となる財産の具体的な内容の判定

控除対象の判別　◎：控除対象となるもの
　　　　　　　　○：社会福祉事業等の用に供されるものに限り、控除対象となるもの
　　　　　　　　－：控除対象とはならないもの

＜なお、法人全体の貸借対照表に計上されない事業区分間長期貸付金等は、下の表から省いています＞

| ＜資産の部＞ | | | 控除対象の判別 | 理由・留意事項等 |
|---|---|---|---|---|
| 大区分 | 中区分 | 勘定科目の内容 | | |
| 流動資産 | 現金預金 | 現金（硬貨、小切手、紙幣、郵便為替証書、郵便振替貯金払出証書、官公庁の支払通知書等）及び預貯金（当座預金、普通預金、定期預金、郵便貯金、金銭信託等）をいう。 | － | 最終的な使途目的が不明確な財産となることから控除対象とはならない。 |
| | 有価証券 | 国債、地方債、株式、社債、証券投資信託の受益証券などのうち時価の変動により利益を得ることを目的とする有価証券をいう。 | － | |
| | 事業未収金 | 事業収益に対する未収入金をいう。 | － | |
| | 未収金 | 事業収益以外の収益に対する未収入金をいう。 | － | |
| | 未収補助金 | 施設整備、設備整備及び事業に係る補助金等の未収額をいう。 | ◎ | 社会福祉事業等の用に供されることが明らかに見込まれることから、控除対象となる。 |
| | 未収収益 | 一定の契約に従い、継続して役務の提供を行う場合、すでに提供した役務に対していまだその対価の支払を受けていないものをいう。 | － | 最終的な使途目的が不明確な財産となることから控除対象とはならない。 |
| | 受取手形 | 事業の取引先との通常の取引に基づいて発生した手形債権（金融手形を除く）をいう。 | － | |
| | 貯蔵品 | 消耗品等で未使用の物品をいう。業種の特性に応じ小区分を設けることができる。 | ○ | 社会福祉事業等の用に供されるものに限り、控除対象となる。 |
| | 医薬品 | 医薬品の棚卸高をいう。 | ◎ | 社会福祉事業等の用に供されることが明らかに見込まれることから、控除対象となる。 |
| | 診療・療養費等材料 | 診療・療養費等材料の棚卸高をいう。 | ◎ | |
| | 給食用材料 | 給食用材料の棚卸高をいう。 | ◎ | |
| | 商品・製品 | 売買又は製造する物品の販売を目的として所有するものをいう。 | ◎ | |
| | 仕掛品 | 製品製造又は受託加工のために現に仕掛中のものをいう。 | ◎ | |
| | 原材料 | 製品製造又は受託加工の目的で消費される物品で、消費されていないものをいう。 | ◎ | |
| | 立替金 | 一時的に立替払いをした場合の債権額をいう。 | － | 最終的な使途目的が不明確な財産となることから控除対象とはならない。 |
| | 前払金 | 物品等の購入代金及び役務提供の対価の一部又は全部の前払額をいう。 | ○ | 社会福祉事業等の用に供されるものに限り、控除対象となる。 |
| | 前払費用 | 一定の契約に従い、継続して役務の提供を受ける場合、いまだ提供されていない役務に対し支払われた対価をいう。 | ◎ | 費用化されるため、控除対象となる。 |
| | 1年以内回収予定長期貸付金 | 長期貸付金のうち貸借対照表日の翌日から起算して1年以内に入金の期限が到来するものをいう。 | ◎ | 社会福祉事業等の用に供されることが明らかに見込まれることから、控除対象となる。 |

| | | | | |
|---|---|---|:-:|---|
| | 短期貸付金 | 生計困窮者に対して無利子または低利で資金を融通する事業、法人が職員の質の向上や福利厚生の一環として行う奨学金貸付等、貸借対照表日の翌日から起算して1年以内に入金の期限が到来するものをいう。 | ◎ | 社会福祉事業等の用に供されることが明らかに見込まれることから、控除対象となる。 |
| | 仮払金 | 処理すべき科目又は金額が確定しない場合の支出額を一時的に処理する科目をいう。 | ○ | 社会福祉事業等の用に供されるものに限り、控除対象となる。 |
| | その他の流動資産 | 上記に属さない債権等であって、貸借対照表日の翌日から起算して1年以内に入金の期限が到来するものをいう。ただし、金額の大きいものについては独立の勘定科目を設けて処理することが望ましい。 | ○ | |
| | 徴収不能引当金 | 未収金や受取手形について回収不能額を見積もったときの引当金をいう。 | | 資産から控除済 |
| 固定資産（基本財産） | 土地 | 基本財産に帰属する土地をいう。 | ◎ | 社会福祉事業等の用に供されることが明らかに見込まれることから、控除対象となる。 |
| | 建物 | 基本財産に帰属する建物及び建物付属設備をいう。 | ◎ | |
| | 定期預金 | 定款等に定められた基本財産として保有する定期預金をいう。 | ○ | 法人設立時に必要とされたものに限り、控除対象となる。（注1） |
| | 投資有価証券 | 定款等に定められた基本財産として保有する有価証券をいう。 | ○ | |
| 固定資産（その他の固定資産） | 土地 | 基本財産以外に帰属する土地をいう。 | ○ | 社会福祉事業等の用に供されるものに限り、控除対象となる。（注2） |
| | 建物 | 基本財産以外に帰属する建物及び建物付属設備をいう。 | ○ | |
| | 構築物 | 建物以外の土地に固着している建造物をいう。 | ○ | 社会福祉事業等の用に供されるものに限り、控除対象となる。 |
| | 機械及び装置 | 機械及び装置をいう。 | ○ | |
| | 車輌運搬具 | 送迎用バス、乗用車、入浴車等をいう。 | ○ | |
| | 器具及び備品 | 器具及び備品をいう。 | ○ | |
| | 建設仮勘定 | 有形固定資産の建設、拡張、改造などの工事が完了し稼働するまでに発生する請負前渡金、建設用材料部品の買入代金等をいう。 | ◎ | 社会福祉事業等の用に供されることが明らかに見込まれることから、控除対象となる。 |
| | 有形リース資産 | 有形固定資産のうちリースに係る資産をいう。 | ○ | 社会福祉事業等の用に供されるものに限り、控除対象となる。 |
| | 権利 | 法律上又は契約上の権利をいう。 | ○ | |
| | ソフトウェア | コンピュータソフトウェアに係る費用で、外部から購入した場合の取得に要する費用ないしは制作費用のうち研究開発費に該当しないものをいう。 | ○ | |
| | 無形リース資産 | 無形固定資産のうちリースに係る資産をいう。 | ○ | |
| | 投資有価証券 | 長期的に所有する有価証券で基本財産に属さないものをいう。 | ― | 最終的な使途目的が不明確な財産となることから控除対象とはならない。 |
| | 長期貸付金 | 生計困窮者に対して無利子または低利で資金を融通する事業、法人が職員の質の向上や福利厚生の一環として行う奨学金貸付等、貸借対照表日の翌日から起算して入金の期限が1年を超えて到来するものをいう。 | ◎ | 社会福祉事業等の用に供されることが明らかに見込まれることから、控除対象となる。 |

| | | | |
|---|---|---|---|
| 退職給付引当資産 | 退職金の支払に充てるために退職給付引当金に対応して積み立てた現金預金等をいう。 | | 負債から控除済。 |
| 長期預り金積立資産 | 長期預り金（注：ケアハウス等における入居者からの管理費等）に対応して積み立てた現金預金等をいう。 | | |
| ○○積立資産 | 将来における特定の目的のために積立てた現金預金等をいう。なお、積立資産の目的を示す名称を付した科目で記載する。 | － | 使途目的の定めのない財産であることから控除対象とはならない。（注3）ただし、障害者総合支援法に基づく就労支援事業による工賃変動積立資産については、この限りではない。 |
| 差入保証金 | 賃貸用不動産に入居する際に賃貸人に差し入れる保証金をいう。 | ◎ | 社会福祉事業等の用に供されることが明らかに見込まれることから、控除対象となる。 |
| 長期前払費用 | 時の経過に依存する継続的な役務の享受取引に対する前払分で貸借対照表日の翌日から起算して1年を超えて費用化される未経過分の金額をいう。 | ◎ | 費用化されるため、控除対象となる。 |
| その他の固定資産 | 上記に属さない債権等であって、貸借対照表日の翌日から起算して入金の期限が1年を超えて到来するものをいう。ただし、金額の大きいものについては独立の勘定科目を設けて処理することが望ましい。 | ○ | 社会福祉事業等の用に供されるものに限り、控除対象となる。 |

注1　基本財産のうち、土地・建物を除く定期預金及び投資有価証券については、法人設立時に必要とされた基本財産（社会福祉施設等を経営する法人にあっては、100万円又は1,000万円、社会福祉施設等を経営しない法人にあっては、1億円又は所轄庁が認めた額など、「社会福祉法人の認可について」（平成12年12月1日付け障発第890号、社援発第2618号、老発第794号、児発第908号。）等に基づき必要とされた額に限る。）の範囲内で控除対象となる。

注2　現に社会福祉事業等に活用していない土地・建物については、原則として控除対象とはならないが、社会福祉充実残額の算定を行う会計年度の翌会計年度に、具体的な活用方策が明らかな場合（翌会計年度中に社会福祉事業等に活用する建物の建設に着工する場合であって、事業開始は翌々会計年度以降となるような場合を含む。）については、この限りではない。
　　　なお、土地・建物を翌々会計年度以降に活用する場合にあっては、社会福祉充実計画において、具体的な活用方策を記載することにより、当該土地・建物を保有し、活用することが可能である。

注3　国や自治体からの補助を受け、又は寄付者等の第三者から使途・目的が明確に特定されている寄付等の拠出を受け、設置された積立資産等については、控除対象となる。

注4　損害保険金又は賠償金を受け、これを原資として建物等の現状復旧を行うための財産については、当該保険金又は賠償金の範囲で控除対象となる。

## ②　対応基本金及び国庫補助金等特別積立金の調整

事務処理基準13頁
参照

148頁の表もあわ
せて見てください。

控除対象財産の財源が、基本金及び国庫補助金等特別積立金によって
賄われている場合には、「活用可能な財産」の算定時（149頁の⑶）に既
に基本金及び国庫補助金等特別積立金を控除していますので、二重に控
除しないように、当該控除対象財産額から差し引くこととされていま
す。

これを、147頁の下の図と比較すると、次の図のように考えることが
できます。つまり、純資産とＡの両方から、基本金と国庫補助金等特別
積立金とを控除しているのです。

### □　対応基本金・国庫補助金等特別積立金・負債等の調整の考え方

前会計年度末日（基準日）の貸借対照表

| Ａ　社会福祉事業、公益事業及び収益事業の実施に必要な財産　**対応基本金及び国庫補助金等特別積立金の調整** | 負債の内Ａの財産に相当する額 |
|---|---|
| Ｂ　Ａに掲げる財産のうち固定資産の再取得等に必要な額に相当する財産 | **活用可能な財産**<br>純資産（法55条の２第１項第１号）<br>－ 基本金<br>－ 国庫補助金等特別積立金 |
| Ｃ　Ａの事業の実施のため最低限必要となる運転資金 | |
| 社会福祉充実残額 | |

Ａから差し引く対
応基本金は、第１
号基本金と第２号
基本金とされてい
ます。
事務処理基準13頁
参照

## ③　対応負債の調整

事務処理基準14頁
参照

「負債全額を控除
している」という
のは、「活用可能
な財産」を「資産
－負債」から始め
ていることを指し
ています。

②と同じように、控除対象財産の財源が、借入金（負債）によって賄
われている場合には、「活用可能な財産」の算定時に既に負債全額を控除
していることから、二重に控除しないように、当該控除対象財産額か
ら負債分を差し引くこととされています（上図の「負債の内Ａの財産に
相当する額」に相当します）。

具体的な調整方法については、貸借対照表における設備資金借入金及
びリース債務の合計額（１年以内返済予定分を含みます。また、控除対
象財産に明らかに対応しない負債は除きます。）を、「社会福祉法に基づ
く事業に活用している不動産等」の合計額から差し引くこととしています。

④　②及び③の調整の結果「社会福祉法に基づく事業に活用している不動産等」が0未満となる場合の取扱い

　上記②及び③の調整の結果が0未満となる場合については、「社会福祉法に基づく事業に活用している不動産等」の額を0とすることとされています。

事務処理基準14頁参照

⑤　財産目録の記載方法

　「社会福祉法に基づく事業に活用している不動産等」の額は財産目録から算定することとなります。

　なお、財産目録の具体的な記載例は、次のとおりです。

「事務処理基準」16～17頁参照

❏　財産目録の記載例

財　産　目　録　（記載例）

平成　年　月　日現在　　　　　（単位　円）　　　→算定シートで判定（財産目録を構成しない）（単位　円）

| 貸借対照表科目 | 場所・物量等 | 取得年度 | 使用目的等 | 取得価額 | 減価償却累計額 | 貸借対照表価額 | 控除対象 | 控除対象額 |
|---|---|---|---|---|---|---|---|---|
| Ⅰ　資産の部 | | | | | | | | |
| 1　流動資産 | | | | | | | | |
| 現金預金 | | | | | | | | |
| 　現金 | 現金手許有高 | － | 運転資金として | － | － | ××× | × | |
| 　普通預金 | ○○銀行○○支店他 | － | 運転資金として | － | － | ××× | × | |
| | | | 小計 | | | ××× | | |
| 事業未収金 | | － | ○月分介護報酬等 | － | － | ××× | × | |
| ‥‥‥‥ | ‥‥‥‥ | － | ‥‥‥‥ | － | － | ‥‥‥‥ | | |
| | | | 流動資産合計 | | | ××× | | |
| 2　固定資産 | | | | | | | | |
| ⑴　基本財産 | | | | | | | | |
| 土地 | （A拠点）○○市○○町1-1-1 | － | 第1種社会福祉事業である、○○施設等に使用している | － | － | ××× | ○ | |
| | （B拠点）○○市○○町2-2-2 | － | 第2種社会福祉事業である、▲▲施設等に使用している | － | － | ××× | ○ | |
| | | | 小計 | | | ××× | | |
| 建物 | （A拠点）○○市○○町1-1-1 | 19××年度 | 第1種社会福祉事業である、○○施設等に使用している | ××× | ××× | ××× | ○ | |
| | （B拠点）○○市○○町2-2-2 | 19××年度 | 第2種社会福祉事業である、▲▲施設等に使用している | ××× | ××× | ××× | ○ | |
| | | | 小計 | | | ××× | | |
| 定期預金 | ○○銀行○○支店他 | － | 寄附者により○○事業に使用することが指定されている | － | － | ××× | ○ | |
| 投資有価証券 | 第○回利付国債他 | － | 特段の指定がない | － | － | ××× | × | |
| ‥‥‥‥ | ‥‥‥‥ | | ‥‥‥‥ | | | ‥‥‥‥ | | |
| | | | 基本財産合計 | | | ××× | | |

| (2)　その他の固定資産 | | | | | | | | |
|---|---|---|---|---|---|---|---|---|
| 土地 | （C拠点）○○市○○町3-3-3 | － | 5年後に開設する○○事業のための用地 | － | － | ×××  | | × |
| | （本部拠点）○○市○○町4-4-4 | － | 本部として使用している | － | － | ××× | | ○ |
| | | | 小計 | | | ××× | | |
| 建物 | （D拠点）○○市○○町5-5-5 | 20××年度 | 第2種社会福祉事業である、訪問介護事業所に使用している | ××× | ××× | ××× | | ○ |
| 車輌運搬具 | ○○他3台 | － | 利用者送迎用 | ××× | ××× | ××× | | ○ |
| ○○積立資産 | 定期預金　○○銀行○○支店他 | － | 将来における○○の目的のために積み立てている定期預金 | － | － | ××× | | × |
| ‥‥‥‥ | ‥‥‥‥ | － | ‥‥‥‥ | － | － | ‥‥‥‥ | | |
| | | その他の固定資産合計 | | | | ××× | | |
| | | 固定資産合計 | | | | ××× | | |
| | | 資産合計 | | | | ××× | | |

| Ⅱ　負債の部 | | | | | | |
|---|---|---|---|---|---|---|
| 1　流動負債 | | | | | | |
| 短期運営資金借入金 | ○○銀行○○支店他 | － | | － | － | ××× |
| 事業未払金 | ○月分水道光熱費他 | － | | － | － | ××× |
| 職員預り金 | ○月分源泉所得税他 | － | | － | － | ××× |
| ‥‥‥‥ | ‥‥‥‥ | － | | | | ‥‥‥‥ |
| | | 流動負債合計 | | | | ××× |
| 2　固定負債 | | | | | | |
| 設備資金借入金 | 独立行政法人福祉医療機構他 | － | | － | － | ××× |
| 長期運営資金借入金 | ○○銀行○○支店他 | － | | － | － | ××× |
| | | 固定負債合計 | | | | ××× |
| | | 負債合計 | | | | ××× |
| | | 差引純資産 | | | | ××× |

（記載上の留意事項）

・土地、建物が複数ある場合には、科目を拠点区分毎に分けて記載するものとする。

・同一の科目について控除対象財産に該当し得るものと、該当し得ないものが含まれる場合には、分けて記載するものとする。

・科目を分けて記載した場合は、小計欄を設けて、「貸借対照表価額」欄と一致させる。

・「使用目的等」欄には、社会福祉法第55条の2の規定に基づく社会福祉充実残額の算定に必要な控除対象財産の判定を行うため、各資産の使用目的を簡潔に記載する。

　なお、負債については、「使用目的等」欄の記載を要しない。

・「貸借対照表価額」欄は、「取得価額」欄と「減価償却累計額」欄の差額と同額になることに留意する。

・建物についてのみ「取得年度」欄を記載する。

・減価償却資産（有形固定資産に限る）については、「減価償却累計額」欄を記載する。なお、減価償却累計額には、減損損失累計額を含むものとする。

　また、ソフトウェアについては、取得価額から貸借対照表価額を控除して得た額を「減価償却累計額」欄に記載する。

・車輌運搬具の○○には会社名と車種を記載すること。車輌番号は任意記載とする。

・預金に関する口座番号は任意記載とする。

　以上の対応基本金及び国庫補助金等特別積立金並びに対応負債の調整について、次頁の例題を解きながら考えてみましょう。

**例題－1**　活用可能な財産と控除対象財産の基本的理解

次の貸借対照表を基に、社会福祉充実残額の計算を行うとどうなるでしょうか。

下の計算結果の中の括弧 [        ] の中に、適切な数値を記入してください。なお、ここでは、「再取得に必要な財産」と「必要な運転資金」については、考慮しないものとします。

貸借対照表

| 資産の部 | 金 額<br>１００ | 負債の部 | 金 額<br>４０ |
|---|---|---|---|
| 流動資産 | | 固定負債 | |
| 　現金預金 | ２０ | 　設備資金借入金 | ３０ |
| 固定資産 | | 　長期運営資金借入金 | １０ |
| 　基本財産 | | 純資産の部 | ６０ |
| 　　土　　地 | ２０ | 基本金 | ２０ |
| 　　建　　物 | ６０ | 国庫補助金等特別積立金 | １０ |
| | | 次期繰越活動増減差額 | ３０ |

**計算結果**

・活用可能な財産 ＝

資産 [        ] －負債 [        ] －基本金 [        ] －国庫補助金等特別積立金 [        ]　[        ]

| ・「社会福祉法に基づく事業に活用している不動産等」として控除対象となる額 | 土地・建物 | [        ] |
|---|---|---|
| | 　－　対応基本金 | △ [        ] |
| | 　－　国庫補助金等特別積立金 | △ [        ] |
| | 　－　対応負債（設備資金借入金） | △ [        ] |
| | 控除対象額 | [        ] |
| | 差引社会福祉充実残額 | [        ] |

★ **例題－1** の考え方★

**考え方**　148頁の「社会福祉充実残額の算定式」に戻って考えます。

社会福祉充実残額の計算式は、次のとおりでしたね。

> **社会福祉充実残額**
>
> ＝　　①　**活用可能な財産**
>
> －　（②　**社会福祉法に基づく事業に活用している不動産等**
> 　　③　**再取得に必要な財産**
> 　　④　**必要な運転資金**　）

本問では、「再取得に必要な財産」と「必要な運転資金」については考慮しないので、上の①と②についてだけを考えます。

　　活用可能な財産　は、【例題１】の計算結果に示されている該当箇所に、例題の貸借対照表から、該当する数値を引用すると、次のように計算されます。

$$\underset{資産}{100} - \underset{負債}{40} - \underset{基本金}{20} - \underset{国庫補助金等特別積立金}{10} = 30$$

148頁参照

　ただ、この計算式とその算出結果は、何を示しているのでしょうか。

　「資産 － 負債」は、純資産です。例題の貸借対照表では「純資産の部 60」と記載されています。ここから、純資産の部の中の「基本金」と「国庫補助金等特別積立金」（例題の貸借対照表、純資産の部の中で網掛けして示しています）を控除するので、結果として算出される「30」という数値は、例題の貸借対照表、純資産の部の「次期繰越活動増減差額30」を示しているのです。

左の部分も、面倒がらずに、キチンと読んでください。

　　次いで、社会福祉法に基づく事業に活用している不動産等　です。

　これは、「財産目録により特定した事業対象不動産等に係る貸借対照表価額の合計額」から、対応基本金及び国庫補助金等特別積立金を控除し、さらに対応負債を控除するのでしたね。

活用可能な財産　は、内部留保　として計算されていることを理解してください。

　「財産目録により特定した事業対象不動産等に係る貸借対照表価額の合計額」は、貸借対照表に網掛けして示してある土地と建物（合計80）です。ここから、対応基本金及び国庫補助金等特別積立金の20と10を控除します。この二者は、活用可能な財産　を算出する際に控除していますので、「活用可能な財産　から控除するもの」から省く意味で控除するのです。また、対応する負債は、設備資金借入金の30となります。

　計算結果は、次のようになります。

---

**計算結果**

● 活用可能な財産 ＝

　　資産 | １００ |－負債 | ４０ |－基本金 | ２０ |－国庫補助金等特別積立金 | １０ |　　| ３０ |

● 「社会福祉法に基づく事業に活用している不動産等」として控除対象となる額（貸借対照表の網掛け部分）

| | |
|---|---|
| 土地・建物 | ８０ |
| － 対応基本金 | △２０ |
| － 国庫補助金等特別積立金 | △１０ |
| － 対応負債（設備資金借入金） | △３０ |
| 控除対象額 | ２０ |
| 差引社会福祉充実残額 | １０ |

　なお、社会福祉法の定めどおりに忠実に計算する方法（147頁に記載している考え方に基づく計算方法）で計算すると、次のようになります。

| | | |
|---|---|---|
| 法第55条の２第１号（純資産） | | 60 |
| 法第55条の２第２号（控除対象財産額） | | |
| 　Ａ社会福祉事業、公益事業及び収益事業の実施に必要な財産 | | |
| 　　　　　　　　　　　　　基本財産 | 80 | |
| 　Ａの財産に相当する負債 | 設備資金借入金　△ 30 | 50 |
| | 差引社会福祉充実残額 | 10 |

　事務処理基準の計算方法は、社会福祉法第55条の２の第１号・第２号のそれぞれから「基本金及び国庫補助金等特別積立金」を控除しているのです。なお念のため、【例題１】は、対応基本金及び国庫補助金等特別積立金並びに対応負債の調整の例を見るためのものですので、再取得に必要な財産や必要運転資金については扱っていないことに留意してください。再取得に必要な財産や必要運転資金については、以下で取り上げます。

### ⑸　「再取得に必要な財産」の算定

#### ①　考え方

事務処理基準17頁参照

　当初取得価額10億円の建物について、償却が進んでおり、現在の帳簿価額が４億円となっている場合を考えてみると、４億円については、「社会福祉法に基づく事業に活用している不動産等」として算定されます。

　しかし、物価に変動がないことを前提として、現に事業に活用している建物・設備等と同等のものを将来的に更新するためには、減価償却累計額相当額６億円についても、建替資金として保持することが必要です。

　つまり、⑷の「社会福祉法に基づく事業に活用している不動産等」だけでなく、「再取得に必要な財産」についても、事業を継続するために必要な財産額として算定する必要のあることが分かります。このことは、設備、車両等についても同じです。

減価償却費は資金流出を伴わない費用ですから、本来は何らかの形で減価償却累計額相当の資産が法人に蓄積されているはずですね。

　この、再取得に必要な財産は、次の三つの合計とされています。

| ア　将来の建替に必要な財産 | イ　建替までの間の大規模修繕に必要な費用 | ウ　設備、車両等の更新に必要な費用 |
|---|---|---|

　以下、それぞれについて見てゆきます。

## ②　「将来の建替に必要な財産」について

減価償却累計額は、建設時の水準の建設費に従って計算されていますので、現在の建物・設備等と同等のものを将来的に更新するには、建設単価等の上昇率を考慮する必要があります。また、建替の資金は、そのすべてを自己資金で賄うのではなく、補助金・借入金も存在します。

結果として、将来の建替に必要な財産額は、次のように計算されます。

事務処理基準18頁参照

> 減価償却累計額 × 建設単価等上昇率 × 一般的な自己資金比率

### i　建設単価等上昇率

次のAまたはBのいずれか高い割合とされています。

**A　建設工事費デフレーターによる上昇率**

国土交通省が公表する建設工事費デフレーター（次頁の表）による上昇率です。例えば、建設工事費デフレーターによれば、2000年度に建設した建物の場合、2018年度以降の建設工事費の水準は111.5であり、2000年度の建設工事費の水準は94.0であることから、建設単価等上昇率は、次のように計算されます。

$$111.5 ÷ 94.0 = 1.186$$

左の建設工事費デフレーターは2011年度の建設費水準を100とした場合の各年度の水準を示しています。

**B　実績上昇率**

次の計算式によって、当該建物固有の建設単価上昇率を計算します。

別に定める1㎡当たりの建設等単価 ÷ 当該建物の建設時における1㎡当たりの建設単価（注）　（小数点第4位を四捨五入）

（注）1㎡当たりの建設単価は次の計算によります。

当該建物の建設時の取得価額 ÷ 当該建物の建設時における延べ床面積

別に定める1㎡当たりの建設等単価は、現在25万円と定められています。

### ii　一般的な自己資金比率

一般的な自己資金比率は、22％とされていますが、次の計算式で計算される建設時の自己資金比率が22％を上回る場合には、建設時の自己資金比率によることができます。

当該建物の建設に係る自己資金額 ÷ 当該建物の建設時の取得価額　（小数点第4位を四捨五入）

既存建物を取得した場合は、左に替えて取得時の自己資金比率とすることができます。

❏　建設工事費デフレーターによる上昇率

～「事務処理基準」別添2（別表）
令和2年3月30日改正

| 年度 | 建設工事費デフレーター（建設総合指数） | 2018年と比較した伸び率 | 年度 | 建設工事費デフレーター（建設総合指数） | 2018年と比較した伸び率 |
|---|---|---|---|---|---|
| 1960以前 | 19.8 | 5.631 | － | － | － |
| 1961 | 21.8 | 5.115 | 1991 | 93.3 | 1.195 |
| 1962 | 22.3 | 5.000 | 1992 | 94.6 | 1.179 |
| 1963 | 22.9 | 4.869 | 1993 | 95.1 | 1.172 |
| 1964 | 23.9 | 4.665 | 1994 | 95.5 | 1.168 |
| 1965 | 24.7 | 4.514 | 1995 | 95.6 | 1.166 |
| 1966 | 26.5 | 4.208 | 1996 | 95.8 | 1.164 |
| 1967 | 28.0 | 3.982 | 1997 | 96.5 | 1.155 |
| 1968 | 29.0 | 3.845 | 1998 | 94.7 | 1.177 |
| 1969 | 30.9 | 3.608 | 1999 | 93.8 | 1.189 |
| 1970 | 32.8 | 3.399 | 2000 | 94.0 | 1.186 |
| 1971 | 33.3 | 3.348 | 2001 | 92.4 | 1.207 |
| 1972 | 36.3 | 3.072 | 2002 | 91.5 | 1.219 |
| 1973 | 45.9 | 2.429 | 2003 | 92.0 | 1.212 |
| 1974 | 54.4 | 2.050 | 2004 | 93.1 | 1.198 |
| 1975 | 55.1 | 2.024 | 2005 | 94.2 | 1.184 |
| 1976 | 59.6 | 1.871 | 2006 | 96.0 | 1.161 |
| 1977 | 62.2 | 1.793 | 2007 | 98.5 | 1.132 |
| 1978 | 65.5 | 1.702 | 2008 | 101.6 | 1.097 |
| 1979 | 72.6 | 1.536 | 2009 | 98.2 | 1.135 |
| 1980 | 79.2 | 1.408 | 2010 | 98.5 | 1.132 |
| 1981 | 79.5 | 1.403 | 2011 | 100.0 | 1.115 |
| 1982 | 79.7 | 1.399 | 2012 | 99.2 | 1.124 |
| 1983 | 79.7 | 1.399 | 2013 | 101.8 | 1.095 |
| 1984 | 81.5 | 1.368 | 2014 | 105.3 | 1.059 |
| 1985 | 81.1 | 1.375 | 2015 | 105.5 | 1.057 |
| 1986 | 80.6 | 1.383 | 2016 | 105.8 | 1.054 |
| 1987 | 82.0 | 1.360 | 2017 | 108.0 | 1.032 |
| 1988 | 83.6 | 1.334 | 2018以降 | 111.5 | 1.000 |
| 1989 | 88.0 | 1.267 | | | |
| 1990 | 91.0 | 1.225 | | | |

（例）2000年度に建設した建物の建設単価等上昇率は、
　　　111.5÷94.0＝1.186となる。

（注）　上の建設工事費デフレーターは、2011年を100とした場合の各年度の率を示しています。また、右欄の「2018年と比較した伸び率」は建設工事費デフレーターに従って2018年を100とした場合の各年度の伸び率を示しています。このようなことで、将来「202×年度と比較した伸び率」の各年度の伸び率は改訂されることがありますので注意してください。

### ③　大規模修繕に必要な費用について

事業の継続を考えると、今後の大規模修繕に必要な費用を確保しておく必要があります。そこで、「事務処理基準」では、建物ごとの今後の大規模修繕に必要な費用を次のように計算することとしています。

事務処理基準18頁参照

$$\left(\begin{array}{c}\text{建物ごとの}\\\text{減価償却累計額}\end{array} \times \text{別に定める割合}\right) - \begin{array}{c}\text{過去の大規模}\\\text{修繕実績額}\end{array}$$

上で計算された金額を、法人全体で合算することとなります。なお、合算の結果がマイナスの場合はゼロとします。

別に定める割合は30%とされています。

また、過去の大規模修繕実績額が不明の場合には、次の計算式によって得た額を今後の大規模修繕に必要な費用とすることができます。

$$\text{建物の減価償却累計額} \times \text{別に定める割合} \times \frac{\text{建物帳簿価額}}{\text{建物建設時の取得価額}}$$

（注）　上の算式の「建物建設時の取得価額」は、正しくは「建物の貸借対照表価額＋建物の減価償却累計額」として計算する必要があります。

（償却がすすむと、帳簿価額が0に近づくので、左の計算結果はほぼ0となります。）

#### ④　設備・車両等の更新に必要な費用等

設備・車両等の更新に必要な費用については、「社会福祉法に基づく事業に活用している不動産等」の算定に当たって、財産目録において特定した建物以外の固定資産に係る減価償却累計額の合計額とします。

なお、以上の「再取得に必要な財産」の算定は、あくまで社会福祉充実残額を算定するため「各法人間において客観的かつ公平なルール」に従って計算された結果であって、個々の法人の今後の計画を縛る数値ではないことに注意が必要です。

事務処理基準19頁参照

社会福祉充実残額の金額如何にかかわらず、各法人は、それぞれの計画を立てておくべきです。

### ⑹　「必要な運転資金」の算定

「資金収支計算書」の「事業活動支出計」×3／12（3か月分）として計算します。現実の事業未収金等の残額にかかわらず、事業活動支出の3か月分を計算するので、事業未収金等の残額は控除対象とはなりません。

事務処理基準19～20頁参照

### ⑺　主として施設・事業所の経営を目的としない法人等の特例

次の①又は②に該当する場合の法人にあっては、控除対象財産については、上述の⑵「再取得に必要な財産」及び⑶「必要な運転資金」に替えて年間事業活動支出全額を控除することができます。

①　現に社会福祉事業等の用に供している土地・建物を所有していない場合

②　当該土地・建物の価額が著しく低い場合

事務処理基準20頁参照

> 当該土地・建物の価額が著しく低い場合とは
> $$\left( \text{⑵再取得に必要な財産} + \text{⑶必要な運転資金} \right) < \text{年間事業活動支出}$$

（注）「主として施設・事業所の経営を目的としない法人等」ですから、施設の種別を問いません。例えば保育所を経営する法人も「等」に含まれ、上の①又は②に該当する場合には、この特例の適用対象となります。

**例題－2** 再取得に必要な財産の計算

1970年に10億円で取得した建物があります。建設時1㎡当たり建設単価8万円でした。また建設時の自己資金は2億5千万円であり、当該建物の減価償却累計額は9億99百万円（現在帳簿価額1百万円）となっています。

次の(A)から(C)の各場合に、この建物に係る「再取得に必要な財産」はどのように算定されるでしょうか。下の表の　　　　の箇所に適切な数値を記入して下さい。

(A) 小規模な修繕を繰り返して大規模修繕を実施していなかった場合

(B) 過去に2億円の大規模修繕を実施していた場合

(C) 過去の大規模修繕の実施が不明な場合

（単位：円）

| | 摘　　要 | (A)の場合 | (B)の場合 | (C)の場合 |
|---|---|---|---|---|
| ① | 減価償却累計額 | | | |
| ② | 建設単価等上昇率 | | | |
| | 　　建設工事費デフレーターによる上昇率 | (3.131) | (3.131) | (3.131) |
| | 　　実績上昇率（25万円÷8万円） | (3.125) | (3.125) | (3.125) |
| ③ | 自己資金比率 | ％ | ％ | ％ |
| | 　　一般的な自己資金比率 | (22％) | (22％) | (22％) |
| | 　　建設時自己資金比率 | (25％) | (25％) | (25％) |
| ④ | 必要建替資金　　（①×②×③） | | | |
| ⑤ | 大規模修繕について別に定める割合 | ％ | ％ | ％ |
| ⑥ | ①の減価償却累計額×⑤ | | | |
| ⑦ | 過去の大規模修繕実績額 | 0 | 200,000,000 | － |
| ⑧ | 建物帳簿価額÷建物建設時取得価額 | － | － | 0.001 |
| ⑨ | 大規模修繕に必要な額 | | | |
| ⑩ | 再取得に必要な財産　（④＋⑨） | | | |

★ **例題－2** の考え方★

**考え方** 建物に係る「再取得に必要な財産」を求める問題です。

社会福祉充実残額の計算式は、次のとおりでしたね。

**社会福祉充実残額**

= ① 活用可能な財産

－（ ② 社会福祉法に基づく事業に活用している不動産等
③ 再取得に必要な財産
④ 必要な運転資金 ）

この【例題2】は、上の「③再取得に必要な財産」、その中でも「ア　将来の建替に必要な財産」と「イ　建替までの間の大規模修繕に必要な費用」を求める問題です。なお、「再取得に必要な財産」には、次の三つがありましたね。

| ア　将来の建替に必要な財産 | イ　建替までの間の大規模修繕に必要な費用 | ウ　設備、車両等の更新に必要な費用 |
|---|---|---|

今、どこの部分を学習しているのか、それを明確にしてください。

### 例題－2　の解答

（単位：円）

| | 摘　　要 | (A)の場合 | (B)の場合 | (C)の場合 |
|---|---|---|---|---|
| ① | 減価償却累計額 | 999,000,000 | 999,000,000 | 999,000,000 |
| ② | 建設単価等上昇率 | 3.131 | 3.131 | 3.131 |
| | **次の大きい割合とされています** | | | |
| | 建設工事費デフレーターによる上昇率 | (3.131) | (3.131) | (3.131) |
| | 実績上昇率（25万円÷8万円） | (3.125) | (3.125) | (3.125) |
| ③ | 自己資金比率 | 25% | 25% | 25% |
| | **次の大きい割合を採用することができます** | | | |
| | 一般的な自己資金比率 | (22%) | (22%) | (22%) |
| | 建設時自己資金比率 | (25%) | (25%) | (25%) |
| ④ | 必要建替資金　（①×②×③） | 781,967,250 | 781,967,250 | 781,967,250 |
| ⑤ | 大規模修繕について別に定める割合 | 30% | 30% | 30% |
| ⑥ | ①の減価償却累計額×⑤ | 299,700,000 | 299,700,000 | 299,700,000 |
| ⑦ | 過去の大規模修繕実績額(注1) | 0 | 200,000,000 | － |
| ⑧ | 建物帳簿価額÷建物建設時取得価額 | － | － | (注2) 0.001 |
| ⑨ | 大規模修繕に必要な額(注3) | 299,700,000<br>（＝⑥－⑦） | 99,700,000<br>（＝⑥－⑦） | 299,700<br>（＝⑥×⑧） |
| ⑩ | 再取得に必要な財産　（④＋⑨） | 1,081,667,250 | 881,667,250 | 782,266,950 |

（注1）過去に大規模修繕費を資本的支出処理していた場合、当該支出額を大規模修繕費として控除することになります。

（注2）経過年数が増えるにつれて大規模修繕実施額も増加していくので、減価償却累計額の30%から控除する金額も増加し、その差額は0円に近づいてゆきます。
したがって、償却が進むにつれて今後の大規模修繕に必要な資金は少なく計算されます。

（注3）社会福祉充実残額計算上の大規模修繕については、施設・設備の経年劣化に伴う施設の広範囲に渡る補修や、設備の更新・新設等の工事に係る費用を指すものであり、施設の一部を補修するものや応急的・一時的な対応、点検等のメンテナンスに係る費用は含まないものとされています。
具体的な例などについては、「「社会福祉充実計画の承認等に関するQ＆A」について」に記載されています。

　**【例題 2】**の算定例の表中④では、「必要建替資金」として、781,967,250円が計算されていますが、同レベル同規模の建物に建替えるには建設工事費デフレーターからは総資金として31億31百万円が必要と見込まれます（10億円×3.131）。

　この建替資金として、自己資金手当可能額が 8 億円のみであると見込まれるなら、残額23億31百万円については補助金と借入金によることとなります。この他、実際問題としては、建替期間に係る代替施設の賃借料・移設費等を具体的に考える必要があります。

### ⑻　社会福祉充実残額の算定のまとめ

　今一度、社会福祉充実残額の算定式を振り返ると、次の通りです。

> **社会福祉充実残額**
>
> ＝　　①　**活用可能な財産**
>
> －（②　**社会福祉法に基づく事業に活用している不動産等**
> 　　③　**再取得に必要な財産**
> 　　④　**必要な運転資金**　　）
>
> 主として施設・事業所の経営を目的としない法人等の特例に該当する場合、②・③の控除に替えて、年間事業活動支出全額を控除することができる。

　以上を詳しく一つの表にまとめると、次頁のようになります。

　なお、実際に社会福祉充実残額を算定するに当たっては、原則として電子開示システムに組み込まれた「社会福祉充実残額算定シート」を活用することとされています。

　最後に、社会福祉充実残額が残ったとしても、直ちに現金預金の支出が強制されるのではなく、社会福祉事業・公益事業に充当していく計画書を提出すれば良いことに留意してください。社会福祉充実計画作成を省くために無駄な支出等を考える必要はなく、正しい会計処理を心がけることが大切です。

　左の 8 行は社会福祉充実残額の計算には直接関連しない話です。社会福祉充実残額は、会計基準による会計処理とは別の概念であり、また、その算定ルールは全法人にとって公平であるように設定されており、個々の法人実情に則して算定されているものではないことに留意してください。

　もう見飽きた？
それくらいにシッカリと頭に焼き付けてください

　左の括弧（　）内が控除対象財産です。

## 【社会福祉充実残額の算定】

① 活用可能な財産

= | 資産 | − | 負債 | − | 基本金 | − | 国庫補助金等特別積立金 |

控除対象財産

| 原　則　　下の ② + ③ + ④ | 特例<br>下の ② + ⑤ |
|---|---|
| ② 社会福祉法に基づく事業に活用している不動産等<br><br>= | 財産目録により特定した<br>事業対象不動産等に係る貸借対照表価額の合計額○円 |<br><br>− | 対応<br>基本金○円 | − | 国庫補助金等<br>特別積立金○円 | − | 対応<br>負債○円 | | ② 同左 |
| ③ 再取得に必要な財産　次のア〜ウ合計<br>=【ア　将来の建替に必要な費用】<br><br>( | 建物に係る減価<br>償却累計額○円 | × | 建設単価等<br>上昇率 | ) × | 一般的な自己<br>資金比率（％） |<br><br>・建設単価等上昇率は、次のA又はBの高い割合<br>　　A　建設工事デフレーターによる上昇率<br>　　B　実績上昇率（小数点第4位を四捨五入）<br>・一般的な自己資金比率は、22％<br>・建設時の自己資金比率が22％を超えるときは当該比率に<br>　よることができる（小数点第4位を四捨五入）<br><br>【イ　建替までの間の大規模修繕に必要な費用】<br><br>( | 建物に係る減価<br>償却累計額○円 | × | 一般的な大規模<br>修繕費用割合（％） | ) − | 過去の大規模修繕<br>に係る実績額○円 |<br><br>・一般的な大規模修繕費用割合は、30％<br>・実績額が不明な法人についての特例がある<br><br>【ウ　設備・車両等の更新に必要な費用】<br><br>| 建物以外の固定資産[注]に係る減価償却累計額の合計額○円 |<br><br>　　注　②において財産目録で特定したものに限る | ⑤　年間事業<br>活動支出<br>（左の③④は控<br>除できない）<br><br>主として施設・<br>事業所の経営を<br>目的としない法<br>人等の特例＝<br>　下のいずれかに<br>　該当する場合<br><br>現に社会福祉<br>事業等の用に<br>供している土<br>地・建物を所<br>有していない<br><br>ｏｒ<br><br>左の③＋④＜<br>年 間 事 業<br>活 動 支 出 |
| ④ 「必要な運転資金」<br><br>| 年間事業活動支出<br>の3か月分○円 | | |

計算過程で生じた1円未満端数を切捨て、最終計算結果の1万円未満端数を切捨てる

**例題-3** 高齢者入所施設を運営しているある法人の社会福祉充実残額の算定

高齢者入所施設7箇所、その他在宅サービスを運営している法人があります。

次の資料から、この法人の社会福祉充実残額の算定過程を解答欄の枠内□□に記入し、社会福祉充実残額を算定しなさい。なお、便宜上、計算過程で生じる1億円未満の端数は、切り捨てなさい。

(資料)

1. この法人の法人全体の貸借対照表は、次のようになっている。

法人全体の貸借対照表

| 資産の部 | | | 負債の部 | |
|---|---|---|---|---|
| 科　　目 | | 当年度末 | 科　　目 | 当年度末 |
| 流動資産 | | 75億円 | 流動負債 | 2億円 |
| 　現金預金 | | 70億円 | 　事業未払金 | 2億円 |
| 　事業未収金 | | 5億円 | 　預り金 | 0億円 |
| 　未収金 | | 0億円 | 　職員預り金 | 0億円 |
| 　未収補助金 | | 0億円 | 　仮受金 | 0億円 |
| 　その他流動資産 | | 0億円 | | |
| 固定資産 | | 125億円 | 固定負債 | 0億円 |
| 　基本財産 | | 70億円 | 　退職給付引当金 | 0億円 |
| 　　土地 | ○ | 30億円 | 　長期預り金 | 0億円 |
| 　　建物 | ○ | 40億円 | | |
| 　その他の固定資産 | | 55億円 | 負債の部合計 | 2億円 |
| 　　土地 | ○ | 10億円 | 純資産の部 | |
| 　　建物 | ○ | 20億円 | 基本金 | 1億円 |
| 　　構築物 | ○ | 1億円 | 国庫補助金等特別積立金 | 15億円 |
| 　　車輌運搬具 | ○ | 1億円 | その他の積立金 | 20億円 |
| 　　器具及び備品 | ○ | 0億円 | 次期繰越活動増減差額 | 162億円 |
| 　　退職給付引当資産 | | 0億円 | | |
| 　　積立資産 | | 20億円 | | |
| 　　その他の固定資産 | ○ | 3億円 | 純資産の部合計 | 198億円 |
| 資産の部合計 | | 200億円 | 負債及び純資産の部合計 | 200億円 |

2. 財産目録から、社会福祉法に基づく事業に活用していると判断された不動産等は、貸借対照表の当年度末の金額頭部に○を付したものであった。

基本金は、全て上記不動産等に対応するものであるが、対応する負債はない。

3. 減価償却累計額の合計は45億円であり、その内訳は次のとおりであった。

| 摘　　要 | 科　　目 | 簿　価 | 減価償却累計額 |
|---|---|---|---|
| 基本財産 | 建　　物 | 40億円 | 30億円 |
| その他の固定資産 | 建　　物 | 20億円 | 10億円 |
| | 構　築　物 | 1億円 | 1億円 |
| | 車輌運搬具 | 1億円 | 1億円 |
| | 器具及び備品 | 0億円 | 3億円 |
| | その他の固定資産 | 3億円 | 0億円 |

4．建設単価等上昇率は1.072であり、自己資金比率は22％と計算された。

5．過去に大規模修繕を行った実績はない。

6．資金収支計算書における年間の事業活動支出は24億円であった。

　以下では、解答欄の四角枠の中に、直接解答を示します。一つずつ、確かにこの数値が入るのだ、と理解しながら読み解いてください。

解答欄

①活用可能な財産 ＝ （資産）200 億円 － （負債）2 億円 － （基本金）1 億円 － （国庫補助金等特別積立金）15 億円

＝ 182 億円

控除対象財産 ＝ ② ＋ ③ ＋ ④

②事業用不動産等 ＝ （基本財産）70 億円 ＋ （その他の固定資産）35 億円

－ （対応基本金）1 億円 － （国庫補助金等特別積立金）15 億円 － （対応負債）0 億円

＝ 89 億円

③再取得に必要な財産

建替に必要な費用 ＝ （建物減価償却累計額）40 億円 × （建設単価等上昇率）1.072 × （自己資金比率）22 ％ ＝ 9 億円

大規模修繕に必要な費用 ＝ （建物減価償却累計額）40 億円 × （大規模修繕費用割合）30 ％ － （大規模修繕実績）0 億円 ＝ 12 億円

設備・車両等の更新に必要な費用 ＝ （その他の固定資産減価償却累計額）5 億円　　再取得に必要な財産合計 26 億円

④必要な運転資金 ＝ （年間事業活動支出）24 億円 ÷ 12 月 × 3 ＝ 6 億円

控除対象財産合計 121 億円

社会福祉充実残額 ＝ （①活用可能な財産）182 億円 － （控除対象財産＝②＋③＋④）121 億円 ＝ 61 億円

**練習問題　⑱　社会福祉充実残額の計算 ～ 小規模施設経営法人の例**

　ある社会福祉法人の法人単位の貸借対照表は次のとおりでした。また、この法人の社会福祉充実残額の計算に必要な情報は、貸借対照表の下に（注1）から（注5）として記載してあります。

　ついては、この法人の社会福祉充実残額について、解答欄の四角枠 [　　　] の中に適当な数値を記入してください。なお、計算に当たって複数の方法がある場合には、社会福祉充実残額の額が少なくなる方法によって計算してください。また、便宜上計算過程で生じる百万円未満の端数は四捨五入してください。

【法人単位の貸借対照表】

| 資産の部 | | | 負債の部 | | |
|---|---|---|---|---|---|
| 科　目 | | 当年度末 | 科　目 | | 当年度末 |
| 流動資産 | | 50百万円 | 流動負債 | | 20百万円 |
| 　現金預金 | | 50百万円 | 　事業未払金 | | 10百万円 |
| | | | 　1年以内返済予定設備資金借入金 | | 10百万円 |
| 固定資産 | | 280百万円 | | | |
| 　基本財産 | | 200百万円 | 固定負債 | | 80百万円 |
| 　　建物 | ☆ | 200百万円 | 　設備資金借入金 | | 70百万円 |
| | | | 　退職給付引当金 | | 10百万円 |
| 　その他の固定資産 | | 80百万円 | | | |
| 　　構築物 | ☆ | 10百万円 | 負債の部合計 | | 100百万円 |
| 　　機械及び装置 | ☆ | 10百万円 | 純資産の部 | | |
| 　　器具及び備品 | ☆ | 10百万円 | 基本金 | | 30百万円 |
| 　　退職給付引当資産 | | 10百万円 | 国庫補助金等特別積立金 | | 100百万円 |
| 　　積立資産 | | 40百万円 | その他の積立金 | | 40百万円 |
| | | | 次期繰越活動増減差額 | | 60百万円 |
| | | | 純資産の部合計 | | 230百万円 |
| 資産の部合計 | | 330百万円 | 負債及び純資産の部合計 | | 330百万円 |

（注1）資産のうち、金額に☆印の付されているものは、財産目録からして、事業に活用している不動産等とされるものであった。また、基本金、国庫補助金等特別積立金及び設備資金借入金は、これら不動産等に対応するものである。

（注2）減価償却累計額の内訳は、右のとおりである。

| 摘　要 | 取得価額 | 減価償却累計額 | 差引 |
|---|---|---|---|
| | 百万円 | 百万円 | 百万円 |
| 基本財産 | | | |
| 　建物 | 251 | 51 | 200 |
| その他の固定資産 | | | |
| 　構築物 | 15 | 5 | 10 |
| 　機械及び装置 | 14 | 4 | 10 |
| 　器具及び備品 | 13 | 3 | 10 |

（注3）建物について、建設費等上昇率は1.070であった。また、自己資金比率は一般的な自己資金比率によって計算する。

（注4）過去に大規模修繕の実績はない。

（注5）資金収支計算書に計上されている年間事業活動支出は72百万円であった。

【解答欄】

> **ヒント**　焦らずにこのテキストの165頁を見ながら解いてください。練習問題を解くのは、
> 　　　　　　良い点を取るためではなく「理解する」ためです。

(1)　活用可能な財産は、次の計算によって □□ 百万円 となる。

　　・活用可能な財産 ＝ □□ 百万円 − □□ 百万円 − □□ 百万円 − □□ 百万円

(2)　事業に活用している不動産等は、次の計算によって □□ 百万円 となる。

　　・事業用不動産等 ＝

　　　□□ 百万円 ＋ □□ 百万円 − □□ 百万円 − □□ 百万円 − □□ 百万円

(3)　将来の建替えに必要な費用は、次の計算によって □□ 百万円 となる。

　　・建替えに必要な費用 ＝ □□ 百万円 × □□ × □□ ％

(4)　大規模修繕費用は、次の計算によって □□ 百万円 となる。

　　・大規模修繕費用 ＝ □□ 百万円 × □□ ％ − □□ 百万円

(5)　設備・車両等の更新に必要な費用は、□□ 百万円である。

(6)　以上から、再取得に必要な財産は、□□ 百万円 となる。

(7)　また必要な運転資金は、次の計算によって □□ 百万円 となる。

　　・必要な運転資金 ＝ □□ 百万円 ÷ □□ か月 × □□ か月

(8)　以上のことから、原則として控除対象財産の額は、(2)と(6)及び(7)の合計である77百万円と
　　計算される。しかし、この法人の場合、年間事業活動支出が72百万円であって、この金額
　　は（□□）と（□□）とで計算された額の合計額 □□ 百万円よりも多い。したがっ
　　て「主として施設・事業所の経営を目的としない法人等特例」を適用して、（□□）と
　　（□□）とで計算された額の合計額 □□ 百万円にかえて年間事業活動支出全額を控
　　除することができる。この場合、控除対象財産の合計は、次の計算によって □□
　　百万円となる。

　　・控除対象財産合計 ＝ □□ 百万円 ＋ □□ 百万円

(9)　以上の結果、この法人の社会福祉充実残額は、次の計算によって □□ 百万円 となる。

　　・社会福祉充実残額 ＝ □□ 百万円 − □□ 百万円

　　この練習問題からは、「**社会福祉充実残額が生じるか否かは、施設の**
**規模には関係がない**」ことが分かります。

**練習問題 ⑲ 社会福祉充実残額の計算**

　ある社会福祉法人の令和元年度の次の＜社会福祉充実残額の計算資料＞に基づいて、社会福祉充実残額の計算に係る(1)から(3)の解答欄の問いに答えてください。解答は、解答欄右の四角枠の中に記入してください。なお、社会福祉充実残額は最も少なくなる金額を算定してください。また、前年以前は社会福祉実残額がマイナスであったため、社会福祉充実計画は策定していません。

＜社会福祉充実残額の計算資料＞

法人単位貸借対照表（要約）
令和2年3月31日現在　　　　　　（単位：円）

| 資産の部 | | 負債の部 | |
|---|---|---|---|
| 流動資産 | 101,390,480 | 流動負債 | 17,265,700 |
| 　現金預金 | 88,561,540 | 　事業未払金 | 6,978,270 |
| 　事業未収金 | 9,328,940 | 　1年以内返済予定設備資金借入金 | 6,311,400 |
| 　未収補助金 | 3,500,000 | 　職員預り金 | 418,330 |
| 固定資産 | 729,488,520 | 　賞与引当金 | 3,557,700 |
| 　基本財産 | 550,534,000 | 固定負債 | 76,240,800 |
| 　　土地 | 100,000,000 | 　設備資金借入金 | 50,490,000 |
| 　　建物 | 450,534,000 | 　退職給付引当金 | 25,750,800 |
| 　その他の固定資産 | 178,954,520 | 負債の部合計 | 93,506,500 |
| 　　構築物 | 13,669,300 | 純資産の部 | |
| 　　車輌運搬具 | 4,713,360 | 基本金 | 100,000,000 |
| 　　器具及び備品 | 6,961,060 | 国庫補助金等特別積立金 | 270,380,000 |
| 　　退職給付引当資産 | 25,750,800 | 施設整備等積立金 | 127,000,000 |
| 　　施設整備等積立資産 | 127,000,000 | 次期繰越活動増減差額 | 239,992,500 |
| 　　長期前払費用 | 860,000 | 純資産の部合計 | 737,372,500 |
| 資産の部合計 | 830,879,000 | 負債及び純資産の部合計 | 830,879,000 |

有形固定資産に関する資料　　　　　　（単位：円）

| 種類 | 取得日 | 面積 | 取得価額 | 減価償却累計額 | 貸借対照表価額 |
|---|---|---|---|---|---|
| 土　　　　地 | 昭和50年4月1日 | 1,000㎡ | 100,000,000 | 0 | 100,000,000 |
| 建　　　　物 | 平成21年4月1日 | 2,000㎡ | 631,000,000 | 180,466,000 | 450,534,000 |
| 構　築　物 | 省略 | − | 49,500,000 | 35,830,700 | 13,669,300 |
| 車輌運搬具（A） | 〃 | − | 7,515,000 | 4,060,740 | 3,454,260 |
| 車輌運搬具（B） | 〃 | − | 2,880,000 | 1,620,900 | 1,259,100 |
| 器具及び備品 | 〃 | − | 18,207,000 | 11,245,940 | 6,961,060 |

　　建物取得時の調達資金の内訳
　　　自己資金　126,300,000円　　　国庫補助　378,700,000円　　　借入金　126,000,000円

法人単位資金収支計算書の一部　　　　　　　　（単位：円）

| 勘定科目 | | | 決算額 |
|---|---|---|---|
| 事業活動による収支 | 収入 | 介護保険収入 | 211,453,480 |
| | | 収益事業収入 | 1,129,170 |
| | | 事業活動収入計 | 212,582,650 |
| | 支出 | 人件費支出 | 141,102,185 |
| | | 事業費支出 | 34,451,810 |
| | | 事務費支出 | 15,938,305 |
| | | 支払利息支出 | 631,300 |
| | | 事業活動支出計 | 192,123,600 |

その他の条件

| | | | |
|---|---|---|---|
| ① | 基本金は土地取得に係る第1号基本金である。 | ⑥ | 別に定める1㎡当たりの建設等単価は250,000円である。 |
| ② | 国庫補助金等特別積立金は全額建物に係るものである。 | ⑦ | 別に定める大規模修繕費用割合は30%とする。 |
| ③ | 施設整備等積立資産は将来の施設の整備等に備えて積立てているものである。 | ⑧ | 過去に建物について5,500,000円の大規模修繕を実施している。 |
| ④ | 別に定める自己資金比率は22%とする。 | ⑨ | 有形固定資産に関する資料にある車輌運搬具（A）は、社会福祉事業に供しており、車輌運搬具（B）は収益事業に供している。 |
| ⑤ | 平成21年度（2009年度）建設の建物の建設単価等上昇率は、建設工事費デフレーターによれば1.135である。 | | |

【解答欄】

⑴　活用可能な財産の価額はいくらですか。　　　　　　　　　　　　　　　　　□　円

⑵　控除対象財産について、下のそれぞれの額はいくらですか。なお、計算過程で生じた1円未満の端数は切捨ててください。

　　①　社会福祉法に基づく事業に活用している不動産等　　　　　　　　　　□　円

　　②　再取得に必要な財産

　　　ア　将来の建替に必要な費用　　　　　　　　　　　　　　　　　　　　□　円

　　　イ　建替までの間の大規模修繕に必要な費用　　　　　　　　　　　　　□　円

　　　ウ　設備・車両等の更新に必要な費用　　　　　　　　　　　　　　　　□　円

　　③　必要な運転資金　　　　　　　　　　　　　　　　　　　　　　　　　□　円

　　④　控除対象財産の合計　　　　　　　　　　　　　　　　　　　　　　　□　円

⑶　社会福祉充実残額はいくらですか（1万円未満の端数は切捨てます）。　　□　円

**練習問題　⑳　会計処理等と社会福祉充実残額の増減**

　以下の【解答欄】に記載するような事例があった場合、社会福祉充実残額はどのように増減するでしょうか。各事例について、右欄の「増加・減少・増減なし」のいずれかを◯で囲み、そう思う理由を「増減等理由」の右の点線箇所に記入してください。

**【解答欄】**

| 事　　　例 | 社会福祉充実残額の増加・減少等 |
|---|---|
| ①　従来計上していなかった諸引当金を正しく計上した<br><br>増 減 等 理 由 ………………………………… | 増加・減少・増減なし |
| ②　帳端（締切日から会計期間末日の間）の事業未払金を正しく計上した<br><br>増 減 等 理 由 ………………………………… | 増加・減少・増減なし |
| ③　末日〆の翌月払の時間外手当を未払計上した<br><br>増 減 等 理 由 ………………………………… | 増加・減少・増減なし |
| ④　3月分の法定福利費（4月末引落）を未払計上した<br><br>増 減 等 理 由 ………………………………… | 増加・減少・増減なし |
| ⑤　含み損のある事業用土地・建物の強制評価減を実施した<br><br>増 減 等 理 由 ………………………………… | 増加・減少・増減なし |
| ⑥　含み損のある遊休地の強制評価減を実施した<br><br>増 減 等 理 由 ………………………………… | 増加・減少・増減なし |
| ⑦　大規模修繕を実施して費用処理した<br><br>増 減 等 理 由 ………………………………… | 増加・減少・増減なし |

お疲れさまでした

本書の読後感やご意見をお寄せ
ください。また、本にしたいテー
マや原稿がありましたら愛読者
カード又はFAX06-4304-0321
でお知らせください。

『会計基準省令』準拠

四訂版 社会福祉法人会計　簿記テキスト

—— 上級(財務管理)編 ——

令和2年9月25日　四訂版第1刷発行　監修者　一般財団法人　総合福祉研究会

　　　　　　　　　　　　　　　　　編著者　社会福祉法人会計簿記テキスト上級(財務管理)編作成委員会

　　　　　　　　　　　　　　　　　発行者　本井　啓治　　　　　　　　　　©2020

発行所　一般財団法人　総合福祉研究会

　　　　〒170-0004　東京都豊島区北大塚1丁目13番12号

　　　　電話　03(5961)6061 ／ ＦＡＸ　03(3915)2661

　　　　E-mail　info@sofukuken.gr.jp　　　http://www.sofukuken.gr.jp/

発売所　実務出版株式会社

　　　　〒542-0012　大阪市中央区谷町9丁目2番27号　谷九ビル6F

　　　　電話　06(4304)0320 ／ ＦＡＸ　06(4304)0321 ／ 振替00920-4-139542

　　　　https://www.zitsumu.jp

＊落丁、乱丁本はお取替えいたします。　　印刷製本　大村印刷㈱

ISBN978-4-910316-01-7　C2034

『会計基準省令』準拠

四訂版 社会福祉法人会計 簿記テキスト

# 解 答 編

練 習 問 題

《 上級 ( 財務管理 ) 編 》

解 答

# INDEX

## 「練習問題」の解答

## 目　次

練習問題 ❶ B／S項目を分類する

次の科目は、それぞれB／Sのどの区分に分類されるでしょうか。
適切と思われる区分に、○を付けます。

【解答】

| | 科　　　　目 | 流動資産 | 固定資産 | 流動負債 | 固定負債 | 純　資　産 |
|---|---|---|---|---|---|---|
| ① | 建　　　　　　　　　物 | | ○ | | | |
| ② | 現　　金　　預　　金 | ○ | | | | |
| ③ | 短 期 運 営 資 金 借 入 金 | | | ○ | | |
| ④ | 立　　　　替　　　　金 | ○ | | | | |
| ⑤ | 事　業　未　払　金 | | | ○ | | |
| ⑥ | 事　業　未　収　金 | ○ | | | | |
| ⑦ | 設 備 資 金 借 入 金<br>（1年以内返済予定のものはありません） | | | | ○ | |
| ⑧ | 土　　　　　　　　　地 | | ○ | | | |
| ⑨ | 短　期　貸　付　金 | ○ | | | | |
| ⑩ | 基　　　本　　　金 | | | | | ○ |
| ⑪ | 器　具　及　び　備　品 | | ○ | | | |
| ⑫ | 仮　　　払　　　金 | ○ | | | | |
| ⑬ | 車　輌　運　搬　具 | | ○ | | | |
| ⑭ | 貯　　　蔵　　　品 | ○ | | | | |
| ⑮ | 長 期 運 営 資 金 借 入 金<br>（1年以内返済予定のものはありません） | | | | ○ | |

基本金については、「会計基準省令」では、次のように規定しています。
基本金は、社会福祉法人に対する出資のようなものですね。

【会計基準省令】　　　　　　　　　　　　　　　　　　　　　　（第2章　会計帳簿）

　　**（純資産）**
　**第6条**　基本金には、社会福祉法人が事業開始等に当たって財源として受け取った寄附金の額を
　　計上するものとする。
　**2、3**（省略）

練習問題 ❷ 科目及びその残高からB／Sを作成する

　次の科目及びその残高からB／Sを完成します。なお、設備資金借入金で、1年以内に返済する予定のものはありません。

（単位：千円）

| 建物（基本財産） | 500 | 仮払金 | 5 |
| 現金預金 | 195 | 器具及び備品 | 250 |
| 短期運営資金借入金 | 400 | 土地（その他の固定資産） | 700 |
| 建物（その他の固定資産） | 150 | 立替金 | 5 |
| 事業未収金 | 160 | 事業未払金 | 50 |
| 貯蔵品 | 15 | 短期貸付金 | 20 |
| 土地（基本財産） | 2,000 | 設備資金借入金 | 1,000 |

【解答】

B／S

（単位：千円）

| 資産の部 | | | 負債の部 | | |
|---|---|---|---|---|---|
| **流動資産** | （ | 400 ） | **流動負債** | （ | 450 ） |
| （ 現金預金 ） | （ | 195 ） | （ 短期運営資金借入金 ） | （ | 400 ） |
| （ 事業未収金 ） | （ | 160 ） | （ 事業未払金 ） | （ | 50 ） |
| （ 貯蔵品 ） | （ | 15 ） | **固定負債** | （ | 1,000 ） |
| （ 立替金 ） | （ | 5 ） | （ 設備資金借入金 ） | （ | 1,000 ） |
| （ 短期貸付金 ） | （ | 20 ） | | | |
| （ 仮払金 ） | （ | 5 ） | 負　債　の　部　合　計 | （ | 1,450 ） |
| **固定資産** | （ | 3,600 ） | 純資産の部 | | |
| **基本財産** | （ | 2,500 ） | | | |
| （ 土地 ） | （ | 2,000 ） | **基本金** | （ | 2,200 ） |
| （ 建物 ） | （ | 500 ） | | | |
| **その他の固定資産** | （ | 1,100 ） | **国庫補助金等特別積立金** | | 200 |
| （ 土地 ） | （ | 700 ） | | | |
| （ 建物 ） | （ | 150 ） | **次期繰越活動増減差額** | | 150 |
| （ 器具及び備品 ） | （ | 250 ） | 純　資　産　の　部　合　計 | （ | 2,550 ） |
| 資　産　の　部　合　計 | （ | 4,000 ） | 負債・純資産の部合計 | （ | 4,000 ） |

　「負債・純資産の部合計」は「資産の部合計」4,000と同額になります。そこから「負債の部合計」の1,450を差し引いて「純資産の部合計」を求めます。さらに、基本金 2,200は、「純資産の部合計」から積立金・次期繰越活動増減差額を差し引いて、一番最後に算出します。

**練習問題 ③ 基礎演習**

××01年3月31日に、次のような状態で設立された社会福祉法人があります。

### 設立時貸借対照表（B／S）

| 現　　金　　預　　金 | 基　　　本　　　金 |
|---|---|
| 1,000万円 | 1,000万円 |

**設問1** この法人は、無償貸与されている施設で事業を行っています。

　この法人の××01年4月1日から××02年3月31日間の取引は、次のとおりでした。

| 収益（収入） | 事業報酬 | 1,200万円 | 取引はすべて現金預金で行われています。 |
|---|---|---|---|
| 費用（支出） | 事業費等 | 1,000万円 | |

　以上をもとに、××02年3月31日現在の**フローの計算書**と**B／S**を作成します。なお、記入すべき数値がマイナスになる場合は、数値の頭部に△を記入します。

（注）　以下のフローの計算書は、「当期活動増減（資金収支）差額」までを記入する形式になっており、「次期繰越活動増減差額」までは記載しません。

**【解答】**

（単位は万円。以下同じです。）

#### フローの計算書
##### ××01年4月1日～××02年3月31日

| 事業費（支出）等<br>（　　　1,000） | 事業収益（収入）<br>（　　　1,200） |
|---|---|
| 当期活動増減<br>（資金収支）差額<br>（　　　200） | |

#### B／S
##### ××02年3月31日現在

| 現　金　預　金<br>（　　　1,200） | 基　　本　　金<br>（　　　1,000） |
|---|---|
| | 次　期　繰　越<br>活　動　増　減　差　額<br>（　　　200） |

　活動増減（収支）差額と同額だけ、現金預金と次期繰越活動増減差額が増加し、B／Sの右左は、1,200でバランスしています。

**設問2** この法人の××02年4月1日から××03年3月31日間の取引は、次のとおりでした。

| 収益（収入） | 事業報酬 | 1,200万円 | ただし、事業報酬のうち利用者負担金100万円は未収となって、××03年4月に回収される予定です。それ以外の取引は、すべて現金預金で行われています。 |
|---|---|---|---|
| 費用（支出） | 事業費等 | 1,000万円 | |

　以上をもとに、××03年3月31日現在の**フローの計算書**と**B／S**を作成します。

**【解答】**

#### フローの計算書
##### ××02年4月1日～××03年3月31日

| 事業費（支出）等<br>（　　　1,000） | 事業収益（収入）<br>（　　　1,200） |
|---|---|
| 当期活動増減<br>（資金収支）差額<br>（　　　200） | |

#### B／S
##### ××03年3月31日現在

| 現　金　預　金<br>（　　　1,300） | 基　　本　　金<br>（　　　1,000） |
|---|---|
| 事　業　未　収　金<br>（　　　100） | 次　期　繰　越<br>活　動　増　減　差　額<br>（　　　400） |

**【設問1】**と同じ収益・収入があったのです（費用・支出も変わりません）。ただ、収益・収入のうち、100は現金預金として回収されず、未収になったため、B／Sでは、「事業未収金」という資産として残ることになります（事業未収金も、現金預金と同じ流動資産で、社会福祉法人会計では「支払資金」とされています）。

　××02年3月末と比較して、活動増減（資金収支）差額と同額（200）だけ、流動資産（現金預金と事業未収金）と次期繰越活動増減差額が増加し、B／Sの右左は1,400でバランスしています。

設問3　この法人の××03年4月1日から××04年3月31日間の取引は、次のとおりでした。

| 収益（収入）　事業報酬　1,200万円 | 昨年に未収となっていた100万円は、すべて回収されました。また、取引はすべて現金預金で行われています。 |
|---|---|
| 費用（支出）　事業費等　1,000万円 | |

　以上をもとに、××04年3月31日現在の**フローの計算書**とB／Sを作成します。

【解答】

**フローの計算書**
××03年4月1日〜××04年3月31日

| 事業費（支出）等<br>（　　　1,000） | 事業収益（収入）<br>（　　　1,200） |
|---|---|
| 当期活動増減<br>（資金収支）差額<br>（　　　200） | |

**B／S**
××04年3月31日現在

| 現　金　預　金<br>（　　　1,600） | 基　　本　　金<br>（　　　1,000） |
|---|---|
| | 次　期　繰　越<br>活動増減差額<br>（　　　600） |

　やはり、収益・収入、費用・支出は変わりません。ただ、流動資産の中で、「事業未収金」が「現金預金」に変わりました。××03年3月末と比較して、活動増減（資金収支）差額と同額（200）だけ、支払資金（この場合、流動資産＝現金預金のみ）と次期繰越活動増減差額が増加し、B／Sの右左は1,600でバランスしています。

設問4　この法人の××04年4月1日から××05年3月31日間の取引は、次のとおりでした。

| 収益（収入）等　事業報酬　　　1,200万円 | 手元預金が増えてきたので、将来の建物取得を考えて長期的な積立預金をしました。なお、積立金は積み立てていません。 |
|---|---|
| 費用（支出）等　事業費等　　　1,000万円<br>　　　　　　　　積立預金積立　500万円 | また、取引はすべて現金預金で行われています。 |

　以上をもとに、××05年3月31日現在の**フローの計算書**とB／Sを作成します。

【解答】

**資金収支計算書**
××04年4月1日〜××05年3月31日

| 事業費支出等<br>（　　　1,000）<br>積立資産支出<br>（　　　500） | 事業　収　入<br>（　　　1,200） |
|---|---|
| 当期資金<br>収支差額<br>（△　　　300） | |

**事業活動計算書**
××04年4月1日〜××05年3月31日

| 事業費等<br>（　　　1,000） | 事業　収益<br>（　　　1,200） |
|---|---|
| 当期活動<br>増減差額<br>（　　　200） | |

**B／S**
××05年3月31日現在

| 現　金　預　金<br>（　　　1,300） | 基　　本　　金<br>（　　　1,000） |
|---|---|
| 積　立　資　産<br>（　　　500） | 次　期　繰　越<br>活動増減差額<br>（　　　800） |

　事業活動による収益・費用は変わっておらず、事業活動によって支払資金は200増加したものの、積立預金500を積み立てたために、手許の支払資金（この場合、流動資産＝現金預金のみ）は、結果として300減少しました。

　事業活動による増減差額が同じであることは、事業活動計算書が、××04年3月31日期のフローの計算書と同じであることに示されています。その結果、B／Sの次期繰越活動増減差額も××04年3月期と比較して、事業活動計算書の当期活動増減差額と同額の200だけ増加しています。

　しかし、支払資金は前期は1,600であったのに、当期末では1,300に減少しています。この支払資金の増減を示すのが、資金収支計算書です。ここでは、積立預金の積立てによって支払資金が500減少したことを、積立資産支出として表しています。資金収支計算書の当期資金収支差額△300と同額だけ、B／Sの支払資金（この場合、流動資産＝現金預金）が減少しています。

---

**設問5** この法人の××05年4月1日から××06年3月31日間の取引は、次のとおりでした。

| 収益（収入）等 | 事業報酬 | 1,200万円 | 期末の3月末日に建物を取得し、翌4月から事業に |
| | 施設整備寄附金 | 500万円 | 供することとしました（減価償却は行いません）。 |
| | 積立預金取崩 | 500万円 | これに伴い、施設整備の寄附を募り、500万円の寄 |
| 費用（支出）等 | 事業費等 | 1,000万円 | 附を受けるとともに、積立預金を取り崩しました。 |
| | 建物取得 | 1,000万円 | また、取引はすべて現金預金で行われています。 |

　以上をもとに、××06年3月31日現在の**フローの計算書**とB／Sを作成します。

**【解答】**

**資金収支計算書**
××05年4月1日～××06年3月31日

| 事業費支出等 （　1,000） 建物取得支出 （　1,000） | 事業収入 （　1,200） 施設整備等 寄附金収入 （　500） |
| 当期資金 収支差額 （　200） | 積立資産 取崩収入 （　500） |

**事業活動計算書**
××05年4月1日～××06年3月31日

| 事業費等 （　1,000） 基本金組入額 （　500） | 事業収益 （　1,200） 施設整備等 寄附金収益 （　500） |
| 当期活動 増減差額 （　200） | |

**B／S**
××06年3月31日現在

| 現金預金 （　1,500） | 基本金 （　1,500） |
| 建物 （　1,000） | 次期繰越 活動増減差額 （　1,000） |

**【解答】**

　社会福祉法人の会計を基礎から勉強していない人には、随分、難しい問題です。

　焦らずに、段階をおって考えてみましょう。

　まず、この期間の取引が、現金預金による事業収益（収入）1,200と事業費（支出）等1,000だけであったら、計算書類は、次のようになります。

**資金収支計算書**
××05年4月1日～××06年3月31日

| 事業費支出等 （　1,000） | 事業収入 （　1,200） |
| 当期活動 収支差額 （　200） | |

**事業活動計算書**
××05年4月1日～××06年3月31日

| 事業費等 （　1,000） | 事業収益 （　1,200） |
| 当期活動 増減差額 （　200） | |

**B／S**
××06年3月31日現在

| 現金預金 （　1,500） | 基本金 （　1,000） |
| 積立資産 （　500） | 次期繰越 活動増減差額 （　1,000） |

　ここで、積立預金の取崩し500を取引に追加すると、計算書類は、次のようになります。

　積立預金の取崩しだけ、支払資金（この場合、流動資産＝現金預金）が増えていますね。

**資金収支計算書**
××05年4月1日〜××06年3月31日

| 事業費支出等 （　1,000） | 事業　収　入 （　1,200） |
|---|---|
| 当期資金収支差額 （　700） | 積立資産取崩収入 （　500） |

**事業活動計算書**
××05年4月1日〜××06年3月31日

| 事業費等 （　1,000） | 事業収益 （　1,200） |
|---|---|
| 当期活動増減差額 （　200） | |

**B／S**
××06年3月31日現在

| 現金預金 （　2,000） | 基本金 （　1,000） |
|---|---|
| 積立資産 （　0） | 次期繰越活動増減差額 （　1,000） |

　さらに、1,000で建物を購入しました。これは、積立預金の積立て（あるいは取崩し）と同じで、純資産増減には関係がありません（事業活動計算書には関係がありません）が、支払資金を同額減少させるので、計算書類は、次のようになります。

**資金収支計算書**
××05年4月1日〜××06年3月31日

| 事業費支出等 （　1,000） | 事業　収　入 （　1,200） |
|---|---|
| 建物取得支出 （　1,000） | 積立資産取崩収入 （　500） |
| 当期資金収支差額 （△　300） | |

**事業活動計算書**
××05年4月1日〜××06年3月31日

| 事業費等 （　1,000） | 事業収益 （　1,200） |
|---|---|
| 当期活動増減差額 （　200） | |

**B／S**
××06年3月31日現在

| 現金預金 （　1,000） | 基本金 （　1,000） |
|---|---|
| 建物 （　1,000） | 次期繰越活動増減差額 （　1,000） |

　当期資金収支差額は1,000減少し（＋700だったものが△300に）、現金預金が同額減って建物に変わっています。さて、後の問題は、施設整備寄附金です。単純に支払資金と純資産が増加したと考えると、計算書類は、次のようになります。

**資金収支計算書**
××05年4月1日〜××06年3月31日

| 事業費支出等 （　1,000） | 事業　収　入 （　1,200） |
|---|---|
| 建物取得支出 （　1,000） | 施設整備等寄附金収入 （　500） |
| 当期資金収支差額 （　200） | 積立資産取崩収入 （　500） |

**事業活動計算書**
××05年4月1日〜××06年3月31日

| 事業費等 （　1,000） | 事業収益 （　1,200） |
|---|---|
| 当期活動増減差額 （　700） | 施設整備等寄附金収益 （　500） |

**B／S**
××06年3月31日現在

| 現金預金 （　1,500） | 基本金 （　1,000） |
|---|---|
| 建物 （　1,000） | 次期繰越活動増減差額 （　1,500） |

　しかし、建物を新たに建てるための寄附金は、事業活動の成果とは考えられていません。また、当該寄附金は、基本金として処理する必要があります。

　そこで、【解答】のように、事業活動計算書でいったん収益計上した寄附金収益を取り消すように、「基本金組入額500」を計上し、同額だけ当期活動増減差額を減少させ、B／Sでは、同額を基本金に加える処理を行うのです。

　国庫補助金の場合も同様にして、B／Sに「基本金」に代えて国庫補助金等特別積立金を計上します。社会福祉法人独特の会計処理です。

**練習問題 ④ 期首のB／Sと期中取引から期末の計算書類を作成する**

　次の期首B／S及び期中取引から、期末要約B／S及び当期のP／L並びに資金収支計算書を作成します。

**1．期首B／S**

| 資　産 | 流動資産 | 1,500 | 負　債 | 流動負債 | 1,000 |
|---|---|---|---|---|---|
| | | | | 固定負債 | 3,000 |
| | 固定資産 | 3,500 | | 負債合計 | 4,000 |
| | | | 純　資　産 | | 1,000 |
| 資産合計 | | 5,000 | 負債・純資産合計 | | 5,000 |

　　支払資金残高＝500（流動資産1,500－流動負債1,000）

**2．期中取引**　（増加金額の頭部には"＋"を、減少金額の頭部には"△"を付します）

| 取　　　　引 | B／Sの資産・負債は(A) | | | | P／L (B) | 資金収支(C) |
|---|---|---|---|---|---|---|
| | 資産 | | 負債 | | 純資産増減 | 支払資金増減 |
| | 流動資産 | 固定資産 | 流動負債 | 固定負債 | | |
| ① 発生した介護報酬500を未収に計上した。 | ＋ 500 | ── | ── | ── | ＋ 500 | ＋ 500 |
| ② 職員給料200を現金で支払った。 | △ 200 | ── | ── | ── | △ 200 | △ 200 |
| ③ 食材100を掛買いし未払を計上した。 | ── | ── | ＋ 100 | ── | △ 100 | △ 100 |
| ④ 乗用車100を現金で購入した。 | △ 100 | ＋ 100 | ── | ── | ── | △ 100 |
| ⑤ 経常経費に対する寄附80を受けた。 | ＋ 80 | ── | ── | ── | ＋ 80 | ＋ 80 |
| ⑥ 設備資金200を借り入れた。 | ＋ 200 | ── | ── | ＋ 200 | ── | ＋ 200 |
| ⑦ 備品30が壊れたので廃棄した。 | ── | △ 30 | ── | ── | △ 30 | ── |
| それぞれの増減合計 | ＋ 480 | ＋ 70 | ＋ 100 | ＋ 200 | ＋ 250 | ＋ 380 |

**【解答】**

**1．期末B／S**

| 資　産 | 流動資産 | 1,980 | 負　債 | 流動負債 | 1,100 |
|---|---|---|---|---|---|
| | | | | 固定負債 | 3,200 |
| | 固定資産 | 3,570 | | 負債合計 | 4,300 |
| | | | 純　資　産 | | 1,250 |
| 資産合計 | | 5,550 | 負債・純資産合計 | | 5,550 |

　　支払資金残高＝　880　（流動資産　1,980　－流動負債　1,100　）

　期首B／Sの数値に期中取引の増減合計を加味すると、期末B／Sになりますね。

**2．フローの計算書**

| | 摘　　要 | P／L | 資金収支計算書 |
|---|---|---|---|
| ① | 介護保険事業収益（収　入） | 500 | 500 |
| ⑤ | 経常経費寄附金収益（収　入） | 80 | 80 |
| ⑥ | 設備資金借入金収入 | ── | 200 |
| | 収益・収入合計 | 580 | 780 |
| ② | 職員給料（支出） | 200 | 200 |
| ③ | 給食費（支出） | 100 | 100 |
| ④ | 固定資産取得支出 | ── | 100 |
| ⑦ | 固定資産売却損・処分損 | 30 | ── |
| | 費用・支出合計 | 330 | 400 |
| | 当期活動増減（資金収支）差額 | 250 | 380 |

　　　　　　　　期首・期末純資産増減差額ですね。　　期首・期末資金収支差額ですね。

## 練習問題 ⑤ フローの計算書を作成する

次の１年間の取引を元に、資金収支計算書とＰ／Ｌを作成します。

| | | | |
|---|---|---|---|
| 介 護 保 険 事 業 収 益（収入） | 1,200 | 施設整備等補助金収益（収入） | 500 |
| 人　　　件　　　費（支出） | 200 | 施設整備等寄附金収益（収入） | 150 |
| 事　　　業　　　費（支出） | 300 | 車 輌 運 搬 具 売 却 額 | 30 |
| 事　　　務　　　費（支出） | 435 | 同 上 売 却 原 価 | 40 |
| 減 価 償 却 費 | 110 | 設備資金借入金元金償還額 | 300 |
| 設 備 資 金 借 入 金 借 入 額 | 300 | 建 物 取 得 額 | 650 |
| 国庫補助金等特別積立金<br>取崩額（減価償却相当分） | 55 | 施設整備等寄附金額<br>に見合う基本金組入額 | 150 |
| 国庫補助金等特別積立金<br>取崩額（車輌売却相当分） | 10 | 同 上 国 庫 補 助 金 等<br>特 別 積 立 金 積 立 額 | 500 |

### 法人単位資金収支計算書

第1号第1様式

（自）××01年４月１日　（至）××02年３月31日

（単位：円）

| 勘 定 科 目 | | | 予　算 | 決　算 | 差　異 | 備　考 |
|---|---|---|---|---|---|---|
| 事業活動による収支 | 収入 | 介護保険事業収入 | | 1,200 | | |
| | | ・・・ | | | | |
| | | 事業活動収入計(1) | | 1,200 | | |
| | 支出 | 人件費支出 | | 200 | | |
| | | 事業費支出 | | 300 | | |
| | | 事務費支出 | | 435 | | |
| | | ・・・ | | | | |
| | | 事業活動支出計(2) | | 935 | | |
| | 事業活動資金収支差額(3)＝(1)－(2) | | | 265 | | |
| 施設整備等による収支 | 収入 | 施設整備等補助金収入 | | 500 | | |
| | | 施設整備等寄附金収入 | | 150 | | |
| | | 設備資金借入金収入 | | 300 | | |
| | | 固定資産売却収入 | | 30 | | |
| | | 施設整備等収入計(4) | | 980 | | |
| | 支出 | 設備資金借入金元金償還支出 | | 300 | | |
| | | 固定資産取得支出 | | 650 | | |
| | | ・・・ | | | | |
| | | 施設整備等支出計(5) | | 950 | | |
| | 施設整備等資金収支差額(6)＝(4)－(5) | | | 30 | | |
| その他の活動による収支 | 収入 | 積立資産取崩収入 | | ── | | |
| | | ・・・ | | | | |
| | | その他の活動収入計(7) | | ── | | |
| | 支出 | 積立資産支出 | | ── | | |
| | | ・・・ | | | | |
| | | その他の活動支出計(8) | | ── | | |
| | その他の活動資金収支差額(9)＝(7)－(8) | | | ── | | |
| 予備費支出(10) | | | | | | |
| 当期資金収支差額合計(11)＝(3)＋(6)＋(9)－(10) | | | | 295 | | |

| | 予　算 | 決　算 | 差　異 | 備　考 |
|---|---|---|---|---|
| 前期末支払資金残高(12) | | 2,960 | | |
| 当期末支払資金残高(11)＋(12) | | 3,255 | | |

**法人単位事業活動計算書（Ｐ／Ｌ）**　　　　第2号第1様式

（自）××01年4月1日　（至）××02年3月31日　　　　（単位：円）

| 勘 定 科 目 | | | 本年度決算 | 前年度決算 | 増 減 |
|---|---|---|---|---|---|
| サービス活動増減の部 | 収益 | 介護保険事業収益 | 1,200 | | |
| | | ・・・ | | | |
| | | サービス活動収益計(1) | 1,200 | | |
| | 費用 | 人件費 | 200 | | |
| | | 事業費 | 300 | | |
| | | 事務費 | 435 | | |
| | | 減価償却費 | 110 | | |
| | | 国庫補助金等特別積立金取崩額 | △ 55 | △××× | |
| | | 徴収不能額 | | | |
| | | 徴収不能引当金繰入 | | | |
| | | サービス活動費用計(2) | 990 | | |
| | | サービス活動増減差額(3)＝(1)－(2) | 210 | | |
| サービス活動外増減の部 | 収益 | 借入金利息補助金収益 | | | |
| | | ・・・ | | | |
| | | サービス活動外収益計(4) | | | |
| | 費用 | 支払利息 | | | |
| | | ・・・ | | | |
| | | サービス活動外費用計(5) | | | |
| | | サービス活動外増減差額(6)＝(4)－(5) | | | |
| 経常増減差額(7)＝(3)＋(6) | | | 210 | | |
| 特別増減の部 | 収益 | 施設整備等補助金収益 | 500 | | |
| | | 施設整備等寄附金収益 | 150 | | |
| | | 固定資産売却益 | ―― | | |
| | | 特別収益計(8) | 650 | | |
| | 費用 | 基本金組入額 | 150 | | |
| | | 固定資産売却損・処分損 | 10 | | |
| | | 国庫補助金等特別積立金取崩額（除却等） | △ 10 | △××× | |
| | | 国庫補助金等特別積立金積立額 | 500 | | |
| | | 特別費用計(9) | 650 | | |
| | | 特別増減差額(10)＝(8)－(9) | 0 | | |
| 当期活動増減差額(11)＝(7)＋(10) | | | 210 | | |
| 繰越活動増減差額の部 | | 前期繰越活動増減差額(12) | 2,510 | | |
| | | 当期末繰越活動増減差額(13)＝(11)＋(12) | 2,720 | | |
| | | 基本金取崩額(14) | | | |
| | | その他の積立金取崩額(15) | | | |
| | | その他の積立金積立額(16) | | | |
| 次期繰越活動増減差額(17)＝(13)＋(14)＋(15)－(16) | | | 2,720 | | |

## 練習問題 ⑥ 減価償却演習

××01年３月31日に、次のような状態で設立された社会福祉法人があります。

設立時Ｂ／Ｓ

| 建　　　　物 | 基　　本　　金 |
|---|---|
| 10,000 | 10,000 |

（単位省略。以下同じ）

設問1 この法人の、××02年３月期以降の計算書類を作成します。

ただし、××01年４月１日以後の事業収益（＝収入）が、年間8,000、減価償却費以外の人件費・事業費・事務費等の費用（＝支出）が、年間7,500で固定されているものとします。

便宜上、建物の耐用年数は５年、残存価額はないものとし、５年後には建物が消滅するものとします。また、××01年４月１日から償却を開始するものとし、減価償却は定額法で行います（備忘価額１円については、考慮しません）。

【解答】

### （1）　第１年度

資金収支計算書

| 事業費支出等<br>（　　7,500） | 事業収入<br>（　　8,000） |
|---|---|
| 当　　　期<br>資金収支差額<br>（　　500） | |
| 当　期　末<br>支払資金残高<br>（　　500） | 前　期　末<br>支払資金残高<br>0 |

Ｐ／Ｌ

| 事業費等<br>（　　7,500）<br>減価償却費<br>（　　2,000） | 事業収益<br>（　　8,000） |
|---|---|
| 当　　　期<br>活動増減差額<br>（　△1,500） | |
| 次期繰越<br>活動増減差額<br>（　△1,500） | 前期繰越<br>活動増減差額<br>0 |

Ｂ／Ｓ

| 現金預金等<br>（　　500）<br>建　　　物<br>（　　8,000） | 基　　本　　金<br>（　　10,000） |
|---|---|
| | 次　期　繰　越<br>活動増減差額<br>（　△1,500） |

減価償却累計額
（　　2,000）

### （2）　第２年度

資金収支計算書

| 事業費支出等<br>（　　7,500） | 事業収入<br>（　　8,000） |
|---|---|
| 当　　　期<br>資金収支差額<br>（　　500） | |
| 当　期　末<br>支払資金残高<br>（　　1,000） | 前　期　末<br>支払資金残高<br>（　　500） |

Ｐ／Ｌ

| 事業費等<br>（　　7,500）<br>減価償却費<br>（　　2,000） | 事業収益<br>（　　8,000） |
|---|---|
| 当　　　期<br>活動増減差額<br>（　△1,500） | |
| 次　期　繰　越<br>活動増減差額<br>（　△3,000） | 前　期　繰　越<br>活動増減差額<br>（　△1,500） |

Ｂ／Ｓ

| 現金預金等<br>（　　1,000）<br>建　　　物<br>（　　6,000） | 基　　本　　金<br>（　　10,000） |
|---|---|
| | 次　期　繰　越<br>活動増減差額<br>（　△3,000） |

減価償却累計額
（　　4,000）

### （3）　第３年度

資金収支計算書

| 事業費支出等<br>（　　7,500） | 事業収入<br>（　　8,000） |
|---|---|
| 当　　　期<br>資金収支差額<br>（　　500） | |
| 当　期　末<br>支払資金残高<br>（　　1,500） | 前　期　末<br>支払資金残高<br>（　　1,000） |

Ｐ／Ｌ

| 事業費等<br>（　　7,500）<br>減価償却費<br>（　　2,000） | 事業収益<br>（　　8,000） |
|---|---|
| 当　　　期<br>活動増減差額<br>（　△1,500） | |
| 次　期　繰　越<br>活動増減差額<br>（　△4,500） | 前　期　繰　越<br>活動増減差額<br>（　△3,000） |

Ｂ／Ｓ

| 現金預金等<br>（　　1,500）<br>建　　　物<br>（　　4,000） | 基　　本　　金<br>（　　10,000） |
|---|---|
| | 次　期　繰　越<br>活動増減差額<br>（　△4,500） |

減価償却累計額
（　　6,000）

⑷　第4年度

**資金収支計算書**

| 事業費支出等<br>（　　7,500） | 事業収入<br>（　　8,000） |
|---|---|
| 当　　　期<br>資金収支差額<br>（　　500） | |
| 当　期　末<br>支払資金残高<br>（　　2,000） | 前　期　末<br>支払資金残高<br>（　　1,500） |

**P／L**

| 事業費等<br>（　　7,500）<br>減価償却費<br>（　　2,000） | 事業収益<br>（　　8,000） |
|---|---|
| 当　　　期<br>活動増減差額<br>（　△1,500） | |
| 次期繰越<br>活動増減差額<br>（　△6,000） | 前期繰越<br>活動増減差額<br>（　△4,500） |

**B／S**

| 現金預金等<br>（　　2,000） | 基　本　金<br>（　　10,000） |
|---|---|
| 建　　　物<br>（　　2,000） | 次　期　繰　越<br>活動増減差額<br>（　△6,000） |

減価償却累計額
（　　8,000）

⑸　第5年度

**資金収支計算書**

| 事業費支出等<br>（　　7,500） | 事業収入<br>（　　8,000） |
|---|---|
| 当　　　期<br>資金収支差額<br>（　　500） | |
| 当　期　末<br>支払資金残高<br>（　　2,500） | 前　期　末<br>支払資金残高<br>（　　2,000） |

**P／L**

| 事業費等<br>（　　7,500）<br>減価償却費<br>（　　2,000） | 事業収益<br>（　　8,000） |
|---|---|
| 当　　　期<br>活動増減差額<br>（　△1,500） | |
| 次期繰越<br>活動増減差額<br>（　△7,500） | 前期繰越<br>活動増減差額<br>（　△6,000） |

**B／S**

| 現金預金等<br>（　　2,500） | 基　本　金<br>（　　10,000） |
|---|---|
| | 次　期　繰　越<br>活動増減差額<br>（　△7,500） |

減価償却累計額
（　　10,000）

---

**設問2**　上記の社会福祉法人において、支出・費用が **設問1** のままであった場合、毎年の収入・収益が幾らであれば、5年後において、施設の再生資金10,000が確保されるでしょうか？

【解答】　　　　　　　　　　　　　9,500

【解説】　第5年度のB／Sでは、現金預金が2,500となっています。
これが10,000になるためには、次期繰越活動増減差額が
ゼロであればよいのです。つまり、年度ごとの当期活動増減差額が
ゼロになっておればよく、そのためには、費用が変らないので
あれば、事業収益をあと1,500増加させる必要があります。

当期活動増減差額がゼロなら施設を再生することが可能です。
資金収支で余剰を生じていても施設は再生できません！

## 練習問題 ⑦ 施設再生計画の考え方

**15年後B／S**　　　　　　　　　　　　　（単位：百万円）

| 流動資産 | 現金預金② | 100 | 流動負債 | 借入金② | 0 | 支払資金残高 505 |
| | 取得資金① | 400 | | その他③ | 13 | |
| | その他③ | 18 | | 合計⑥ | 13 | |
| | 合計⑤ | 518 | 固定負債 | 借入金② | 0 | |
| | | | | その他③ | 29 | |
| 固定資産 | 建物等④ | 0 | | 合計⑥ | 29 | |
| | その他③ | 109 | 純資産 | その他の純資産（現状B／S） | 122 | |
| | | | | 15年間の増加純資産⑦ | 463 | |
| | 合計⑤ | 109 | | 合計⑥ | 585 | |
| 資産合計⑤ | | 627 | 負債純資産合計⑤ | | 627 | |

以上のことから、次のことが分かります。　　　　　　　　　（百万円未満端数四捨五入）

| 今後15年間に獲得すべき | 当期活動増減差額累計額 | 463 | 百万円 （年平均 31 百万円） |
| | 当期資金収支差額累計額 | 484 | 百万円 （年平均 32 百万円） |

　なお、この法人が改築のための積立を毎月200万円（年間24百万円）行ったとすれば、15年後のB／Sは、次のようになるはずです。

**15年後B／S**　　　　　　　　　　　　　（単位：百万円）

| 流動資産 | 現金預金② | 100 | 流動負債 | 借入金② | 0 | 支払資金残高 145 |
| | 取得資金① | 40 | | その他③ | 13 | |
| | その他③ | 18 | | 合計⑥ | 13 | |
| | 合計⑤ | 158 | 固定負債 | 借入金② | 0 | |
| | | | | その他③ | 29 | |
| 固定資産 | 取得資金① | 360 | | 合計⑥ | 29 | |
| | 建物等④ | 0 | 純資産 | その他の純資産（現状B／S） | 122 | |
| | その他③ | 109 | | 15年間の増加純資産⑦ | 463 | |
| | 合計⑤ | 469 | | 合計⑥ | 585 | |
| 資産合計⑤ | | 627 | 負債純資産合計⑤ | | 627 | |

　この場合、**15年間に獲得すべき事業活動増減差額は、上の場合と同じ**ですが、**獲得すべき資金収支差額は、合計124（＝145－21）百万円で、年間約8百万円**となります。（積立預金の積立支出が24百万円生じることになり、上の場合の必要資金収支差額32百万円よりも24百万円少なくなります。）

### 練習問題 ⑧ 施設再生計画 ～ 見積B／Sの作成 ～

※問題文は記載せず、解答と簡単な説明を記載しています。

設問1

【解答】

**A法人貸借対照表**
××12年3月31日現在 (単位：千円)

| | | | | |
|---|---|---|---|---|
| 現金預金 | ( | 100,000) | 1年以内返済予定設備資金借入金 | ( | 0) |
| その他流動資産 | | 25,000 | その他流動負債 | | 25,000 |
| | | | 設備資金借入金 | ( | 0) |
| 土地（基本財産） | ( | 350,000) | その他固定負債 | | 10,000 |
| 建物（基本財産） | ( | 119,200) | | | |
| その他固定資産 | | 70,000 | 基本金 | ( | 270,000) |
| 施設設備整備積立資産 | ( | 487,020) | 国庫補助金等特別積立金 | | 89,400) |
| | | | 施設設備整備積立金 | ( | 487,020) |
| | | | 次期繰越活動収支差額 | ( | 269,800) |
| 資産の部合計 | ( | 1,151,220) | 負債及び純資産の部合計 | ( | 1,151,220) |

設問2

【解答】

| | |
|---|---|
| | 建物増築のための資金は確保できた |
| ○ | 建物増築のための資金は確保できなかった |

【解説】

#### ⑴ ××02年度以降、10年間の資金収支への影響額の計算

① 借入金利息

　××02年度借入金利息支払額：返済直前残高の2％

　⇒××02年度支払利息（160,000千円＋20,000千円）×2％＝3,600千円

　⇒毎年、20,000千円ずつ返済していくので、利息は400千円ずつ減少していきます。

　⇒資金収支への影響は、毎年、累積的に400千円ずつの支払資金増加となります。

② 人件費

　××03年度（××04年3月期）までは前年度比2％ずつ上昇し、その後は××03年度の金額で推移する。

　⇒××02年度：300,000千円×1.02＝306,000千円、よって6,000千円の支出増加

　⇒××03年度：306,000千円×1.02＝312,120千円、よって12,120千円の支出増加

③　施設設備整備積立金・同積立資産

　下の表の余剰資金累計額が、積立金・積立資産の金額となります。

（単位：千円）

| 年度 | ××02 | ××03 | ××04 | ××05 | ××06 | ××07 | ××08 | ××09 | ××10 | ××11 | 累計 |
|---|---|---|---|---|---|---|---|---|---|---|---|
| ××01年度収支差額 | 56,010 | 56,010 | 56,010 | 56,010 | 56,010 | 56,010 | 56,010 | 56,010 | 56,010 | 56,010 | 560,100 |
| 支払利息 | 400 | 800 | 1,200 | 1,600 | 2,000 | 2,400 | 2,800 | 3,200 | 3,600 | 4,000 | 22,000 |
| 人件費 | △6,000 | △12,120 | △12,120 | △12,120 | △12,120 | △12,120 | △12,120 | △12,120 | △12,120 | △12,120 | △115,080 |
| 借入金償還支出 | — | — | — | — | — | — | — | — | — | 20,000 | 20,000 |
| 余剰資金累計額 | 50,410 | 44,690 | 45,090 | 45,490 | 45,890 | 46,290 | 46,690 | 47,090 | 47,490 | 67,890 | 487,020 |

## (2)　××02年度以降の事業活動計算

①　10年間の活動増減差額累計額：

　　××01年度増減差額
　　73,670千円　×　10年　+　支払利息減少額 22,000千円　－　人件費増加分 115,080千円　=　643,620千円

②　次期繰越活動増減差額：

　　10年間の活動増減差額累計額 643,620千円　+　××01年度次期繰越活動増減差額 113,200千円　－　施設設備整備積立金積立額 487,020千円　=　269,800千円

※　なお、本問では、10年後に必要とする自己資金5億円に対して、見込まれる剰余資金は487,020千円となりましたので、不足する資金は12,980千円となります。では、どのような案が考えられるでしょうか。

　もちろん、増築の予定を10年後ではなく11年後に延ばすことも一つです。しかし、増築時期を可能な限り早期にしようとすれば？

　現在の施設の稼働率をもっと向上させることはできないか？　経費支出を見直して徹底的な合理的を図ることはできないか？　そのようにして、年度ごとの事業活動資金収支差額を1,300千円ずつ改善することはできないでしょうか。さらに、地域に人たちに対する広報活動を充実させて、施設整備の寄附金を募ること等々、様々なことを考えることができると思います。

## 練習問題 ❾ 出来高補助と定額補助

【例題1】の施設を前提に、下の　設問1　から　設問5　に答えます。

設問1　懸命に頑張った結果、地域の評判もよいということで、市から1件当たり100円の出来高補助をもらえることになりました。この場合の損益分岐点の利用件数及び販売収益は、いくらになりますか。

考え方

　現状1食当たり限界増減差額・・・300円
∴出来高補助込み限界増減差額・・・400円

【解答】

| 損益分岐点の利用件数 | 1,875食／月 | （固定費75万円÷400円） |
|---|---|---|
| 損益分岐点の販売収益 | 843,750円 | （1,875×450円） |

設問2　現在の人員と設備では最大限に稼動した場合、1日120食の提供が限界だとすると、設問1　の場合の損益分岐点の稼働率は何％ですか。（1か月25日で考えてください）

考え方

| 限界提供能力 | ・・・3,000食／月（120食×25日） |
|---|---|
| ＢＥＰ | ・・・1,875食 |

【解答】

| 稼　働　率 | 62.5% | （1,875食÷3,000食） |
|---|---|---|

設問3　設問1　の場合に、補助金が出来高補助ではなく、毎月15万円の定額補助であった場合、損益分岐点の月間利用件数と1日当たりの利用件数、そして、稼働率はいくらになりますか。（利用件数にかかわらず定額でもらえるものとします）

考え方

| 1食当たり限界増減差額 | ・・・　300円 |
|---|---|
| 補助金差引固定費 | ・・・　60万円 |

【解答】

| 損益分岐点の月間利用件数 | 2,000食／月 | （固定費60万円÷300円） |
|---|---|---|
| 同上　1日当たり利用件数 | 80食／日 | ∴限界提供能力＝3,000食／月<br>（120食×25日） |
| 稼　働　率 | 約　66.7% | （2,000食÷3,000食） |

設問4　さらに利用者数が増えてきて1日120食平均となり、職員を増員しないと現場が回らなくなってきました。このため、調理員と配達係をそれぞれ1名ずつ増員して、人件費が1.5倍になりました。その代わり、1日当たりの限界稼動数は160食になりました。

この場合の損益分岐点の月間利用件数とその場合の稼働率はいくらですか（1か月25日で考えてください）。なお、補助は一切ないものとします。

考え方

1食当たり限界増減差額　・・・300　円

増加後固定費　　　　　　・・・105万円（75万円＋増加人件費30万円）

【解答】

| 損益分岐点の月間利用件数 | 3,500食／月 | （固定費105万円÷300円） |
|---|---|---|
| 稼　働　率 | 87.5% | （3,500食÷4,000食） |

設問5　設問4　の場合に、4,000食販売可能なら、幾らまで値下げが可能でしょうか。なお、補助は一切ないものとし、増減差額はマイナスにならないことを条件とします。

考え方

1食当たり必要限界増減差額＝105万円÷4,000食

　　　　　　　　　　　　　＝262.5円

∴　値下げ可能額　＝現状限界増減差額300円－必要限界増減差額262.5円

　　　　　　　　　＝37.5円

∴　値下げ後売価　＝現状売価450円－値下げ可能額37円

　　　　　　　　　＝413円

【解答】

| 値下げ後売価 | 413円 |
|---|---|

この場合の事業活動計算〈検算〉

| 配食サービス事業　1か月当たりの事業活動計算 | | |
|---|---|---|
| 摘　　要 | 金　　額 | 備　　考 |
| 収益の部 | 1,652,000 円 | |
| 　利用者負担金収入 | 1,652,000 円 | @413×4,000 |
| 費用の部 | 1,650,000 円 | |
| 　材料費・比例加工費 | 560,000 円 | @140×4,000 |
| 　おしぼり代 | 40,000 円 | @　10×4,000 |
| 　人　件　費 | 900,000 円 | @150,000×6 |
| 　その他固定費 | 150,000 円 | |
| 増減差額（利益） | 2,000 円 | |

### 練習問題 ⑩ 損益分岐点分析を使った事業改善策の検討

※問題文は記載せず、解答と簡単な説明を記載しています。

| (1) | | | | |
|---|---|---|---|---|
| | (ア) | 必要収益 | | |
| | (イ) | 目標活動増減差額 | | |
| | (ウ) | 必要費用 | | |
| | (エ) | 許容費用 | | |
| | (オ) | 実現可能収益 | | |
| | (カ) | 目標活動増減差額 | | |
| | (キ) | | 24,367,500 | 円 |
| | (ク) | | 28,728,000 | 円 |
| | (ケ) | | 47.5 | % |
| | (コ) | | 52.5 | % |
| | (サ) | | 85.5 | % |

| | | | |
|---|---|---|---|
| (2) | (シ) | 91,200 | 食 |
| | (ス) | 56.0 | % |
| | (セ) | 26,932,500 | 円 |
| | (ソ) | 101,200 | 食 |
| | (タ) | 88.0 | % |
| | (チ) | 28,842,000 | 円 |
| (3) | (ツ) | 270 | 円 |
| | (テ) | 46.5 | % |

### 【解説】

#### ☆損益分岐図表

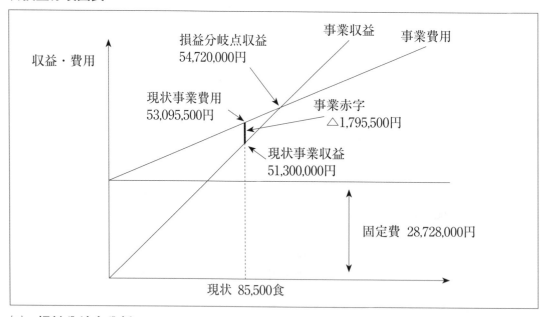

#### （1）損益分岐点分析

① 変動費：食材費23,512,500円＋消耗品費855,000円＝24,367,500円

② 固定費：人件費等19,200,000円＋その他諸費用9,528,000円＝28,728,000円

③ 変動費率：変動費÷配食事業収益×100％

　　　　＝24,367,500円÷51,300,000円×100％＝47.5％

④ 限界活動増減差額率：1－変動費率47.5％＝52.5％

⑤ 稼働率：現状提供食数85,500食÷最大提供可能食数100,000食×100％＝85.5％

⑥ ＢＥＰ：固定費÷限界活動増減差額率＝28,728,000円÷52.5％＝54,720,000円

(2) **配食サービス事業の改善方法の検討**

① 利用件数を増やして改善する方法

損益分岐点収益：固定費÷限界活動増減差額率＝28,728,000円÷52.5％＝54,720,000円

損益分岐点食数：54,720,000円÷600円／食＝91,200食

※1食当たり限界活動増減差額＝600円－（275円＋10円）＝315円

不足食数：△1,795,500円÷315円／食＝5,700食

損益分岐点食数：85,500食＋5,700食＝91,200食

② 限界活動増減差額率を上げて改善する方法

固定費÷限界活動増減差額率＝損益分岐点収益より

固定費÷損益分岐点収益＝限界活動増減差額率

28,728,000円÷51,300,000円×100％＝56.0％

③ 固定費を下げて改善する方法

固定費抑制額：28,728,000円－赤字額1,795,500円＝26,932,500円

④ 固定費の増額以上に限界活動増減差額を稼いで改善する方法

損益分岐点収益：固定費÷限界活動増減差額率

＝（28,728,000円＋3,150,000円）÷52.5％＝60,720,000円

提供食数：60,720,000円÷600円／食＝101,200食

稼働率：101,200食÷100,000食×（100％＋15％）×100％＝88.0％

変動費：60,720,000円×変動費率47.5％＝28,842,000円

(3) **具体的な改善内容**

① 稼働率87.0％のときの収益額：

100,000食×87.0％＝87,000食

87,000食×600円／食＝52,200,000円

② 削減後の固定費年額

28,728,000円－（66,750円／月×12月）＝27,927,000円

③ 増減差額0円のときの変動費年額

①－②＝24,273,000円

④ 1食当たり変動費と食材費

24,273,000円÷87,000食＝279円

279円－｛10円×（100％－10％）｝＝270円

⑤ 実現後の変動費率

③÷①＝46.5％

**練習問題 ⑪ 差額原価の分析**

※問題文は記載せず、解答と簡単な説明を記載しています。

設問1

差 額 原 価 分 析 比 較 表

| 摘　要 | 自家製造 | 外部購入 |
|---|---|---|
| | 円 | 円 |
| 直接材料費 | 54,000 | — |
| 直接人件費 | 60,000 | — |
| 外部購入費 | — | 90,000 |
| 合　計 | 114,000 | 90,000 |

設問2

　　不利な方を選択した場合、有利な方を選択した場合に比較して、活動増減差額は月当たり　24,000　円のマイナスとなり、年額に換算すると　288,000　円のマイナスを生じることになる。

設問3

　　上の場合と異なり、現在の厨房が手余り状態で、自家製造しても人件費に増減が生じない場合、直接人件費は変動費との対比では固定費であり、意思決定においては、埋没原価として扱われることになる。

【解説】

　問題の場合、厨房がフル操業なので時間外作業に伴う手当が変動原価として扱われています。しかし、そうでない場合には　設問3　のように、所定時間内で作業が行われて人件費が変動しない場合には、人件費は固定費として扱われ、埋没原価となります。

　このように、「差額原価」と「埋没原価」のような原価の区分は、意思決定に伴って変動するか否かによって区分されるものです。

## 練習問題 ⑫ 外注・自家製の選択

※問題文は記載せず、解答と簡単な説明を記載しています。

### 【解答欄】

| (ア) | (イ) | (ウ) | (エ) | (オ) |
|------|------|------|------|------|
| 4 | I | 150 | 1,750 | II |

### ①　IとIIの比較

両者の条件のうち、相違している部分を比較します。

1食当たりの収益金額と給食材料費は、同じ条件ですので考慮不要です。

厨房設備費用は、Iを選択すると、初期投資が600万円多くなりますが、人件費等は187,500円／月ですので、IIを選択した場合の業務委託費312,500円／月と比べて、125,000円／月少なく済む計算です。

この節約額で、600万円を回収し終わるタイミングが、IとIIの有利不利の分岐点となります。

計算：600万円÷125,000円／月÷12か月＝4年

4年経過後は、Iの方が125,000円／月 有利となりますので、1年間では150万円有利になります。

### ②　IIとIIIの比較

やはり、両者の条件のうち、相違している部分を比較します。

1食当たりの収益金額は、同じ条件ですので考慮不要です。

6年間厨房設備を使用することを前提にすると、1か月当たりの減価償却費は125,000円／月（＝900万円÷6年÷12か月）となります。

毎月の固定費は、業務委託費312,500円／月と合わせて、437,500円／月です。

他方、1食当たりの変動費の節約額は、IIを選択すると250円／食（＝520円／食（提供方法III）－270円／食（提供方法II））となります。

以上のことから、毎月平均1,750食（＝437,500円／月÷250円／食）を提供すれば、IIとIIIは同じ条件となり、毎月平均1,750食よりも多く提供すれば、IIの方が有利となります。

## 練習問題 ⑬ 設備投資の経済性

※問題文は記載せず、解答と簡単な説明を記載しています。

### 設問1

① 配食サービスを実施するとした場合の支出経費の内訳

| 〈食事1食当たりの変動費支出〉 | |
|---|---|
| 食材費 | 228円 |
| 直接労務費 | 159円 |
| 直接諸費用 | 51円 |
| 変動費計 | 438円 |

② 次年度以降15年間の収支計算

| 限界利益増加額 | （500円＋300円－438円）×800食／月×12か月×15年 | 52,128,000円 |
|---|---|---|
| 8,000食分の変動費節約額 | （440円－438円）×8,000食／月×12か月×15年 | 2,880,000円 |
| 厨房設備購入 | 420万円×1回分 | △4,200,000円 |
| 自動車購入 | 160万円×3回分 | △4,800,000円 |
| 配食用の職員人件費 | 13万円×2名×12か月×15年 | △46,800,000円 |
| 収支差額合計 | | △792,000円 |

【解答】　以上から、法人にとってキャッシュ・フロー（利益）がマイナスにならないためには、補助金が最低限、次の金額以上に交付されることが必要である。

| 792,000 | 円 |
|---|---|

設問2

〈食事1食当たりの変動費〉

| 摘　　要 | 自家調理の場合 | 外注の場合 |
|---|---|---|
| 食　材　費 | 228円 | 240円 |
| 直接労務費 | 159円 | 0円 |
| 直接諸費用 | 51円 | 31円 |
| 変動費計 | 438円 | 271円 |

## ☆8,800食分を提供する場合の15年間のキャッシュフロー計算書

| 項目 | 自家調理の場合 | 外注の場合 |
|---|---|---|
| 変動費 | 438円×8,800食／月×12か月×15年＝693,792,000円 | 271円×8,800食／月×12か月×15年＝429,264,000円 |
| 業務委託費 | ― | 100万円／月×12か月×15年＝180,000,000円 |
| 割増退職金 | ― | 6,000,000円 |
| ※厨房設備購入 | 既に購入済みのため、考慮不要 | 同左 |
| ※自動車購入 | いずれを選択しても車輌は必要 | 同左 |
| ※固定費 | いずれを選択しても固定費は発生 | 同左 |
| ※配食用の職員人件費 | いずれを選択しても配食要員は必要 | 同左 |
| 合計 | 693,200,000円 | 615,264,000円 |

◇693,792,000円－615,264,000円＝78,528,000円

【解答】

　以上のことから、15年間の資金残高で判断すると、

| 外注 | の場合の方が、 | 78,528,000 | 円、資金的には有利である。 |

### 練習問題 ⑭ 購入か賃借かの選択

ある社会福祉法人で、コピー機を購入すべきか、賃借すべきかを検討しています。コピー機の購入と賃借のデータは次のとおりです。

| 摘　要 | 購　入 | 賃　借 |
|---|---|---|
| 購入及び賃借代金 | 250万円 | 3万円／月 |
| 印 刷 直 接 費 | 1円／枚 | 3円／枚 |
| メ ン テ ナ ン ス | 1万円／年 | 賃借料込み |

**設問1**　月間コピー枚数が6,250枚である場合、どのように意思決定すべきでしょうか。ただし、支払利息・金利等の時間価値については、考慮を要しません。

支出について、差額原価を計算すると、次のようになります。

| 摘　要 | 購　入 (A) | 賃　借 (B) | 差　額（A－B） |
|---|---|---|---|
| 当初投資額/購入代金 | 2,500,000円 | － | 2,500,000円 |
| 年間メンテナンス料 | 10,000円／年 | － | 10,000円／年 |
| 月 間 賃 借 代 金 | － | 30,000円／月 | △ 30,000円／月 |
| 印 刷 直 接 費 | 1円／枚 | 3円／枚 | △ 2円／枚 |

この問題の場合、月間コピー枚数が6,250枚と与えられているので、購入と賃借で年間支出額の比較が可能です。購入後の年間の差額原価は、次のように計算されます。

| 摘　要 | 差　額（A－B） | 差額原価年額 |
|---|---|---|
| 年間メンテナンス料 | 10,000円／年 | 10,000円 |
| 月 間 賃 借 代 金 | △ 30,000円／月 | △ 360,000円　（△30,000円／月×12か月） |
| 印 刷 直 接 費 | △ 2円／枚 | △ 150,000円　（△2円／枚×6,250枚×12か月） |
| 合　　計 | － | △ 500,000円 |

**【解答】**　購入に比して賃借は、当初投資額250万円が不要ではあるが、年間支出額が50万円多くなり、計画期間が5年間であれば優劣は生じない。使用期間が5年を超えることが見込まれるなら、購入が有利となる。

**設問2**　上記の場合に、計画期間が5年、金利が5％とした場合、現在価値に割り戻して考えると、どちらがいくら有利でしょうか。ただし、購入費用は計画の最初の段階で支出され、その他の支出は、毎年度分をその年度末に支出するものとします。

### 購入(A) と 賃借(B) との比較　　　　　　　　　　　　（単位：円）

| | 摘　要 | 当初支出額 | 1年後 | 2年後 | 3年後 | 4年後 | 5年後 |
|---|---|---|---|---|---|---|---|
| 購入(A) | 購入代金 | 2,500,000 | | | | | |
| | 印刷直接費 | | 75,000 | 75,000 | 75,000 | 75,000 | 75,000 |
| | メンテナンス | | 10,000 | 10,000 | 10,000 | 10,000 | 10,000 |
| | 購入合計 | | 85,000 | 85,000 | 85,000 | 85,000 | 85,000 |
| 賃借(B) | 賃借料 | | 360,000 | 360,000 | 360,000 | 360,000 | 360,000 |
| | 印刷直接費 | | 225,000 | 225,000 | 225,000 | 225,000 | 225,000 |
| | 賃借合計 | | 585,000 | 585,000 | 585,000 | 585,000 | 585,000 |
| 購入した場合の賃借との比較(A－B) | | 購入時支出額 2,500,000 | ← 1 ～ 5 年 後 年 間 支 出 減 少 額 → | | | | |
| | | | △500,000 | △500,000 | △500,000 | △500,000 | △500,000 |
| 現　価　係　数 | | | 0.9524 | 0.9070 | 0.8638 | 0.8227 | 0.7835 |
| 今 後 の 差 額 原 価 の 現 在 価 値 | | | △476,200 | △453,500 | △431,900 | △411,350 | △391,750 |
| 上 記 現 在 価 値 合 計 | | △2,164,700 | | | | | |

**【解答】**　賃借に比した購入による将来支出減少額（差額現価）が購入時支出よりも少ないので、購入する方が損である。

**【解説】**　問題は、今現在のお金と将来のお金では、値打ちに差があるという点にあります。現在は、史上まれに見る低金利時代ですが、金利がある以上、金利を考慮に入れない意思決定は危険です。

　なお、以上はあくまで「会計」・「数値」で見た場合の結論であり、現実にどのように決定するかは「経営判断による意思決定」によります。会計は、意思決定を行うための計数的判断資料を提供するだけです。「意思決定のための会計」であって、会計によって意思決定するものではありません。

## 練習問題 ⑮ 分析その１

※ 問題文は記載せず、解答のみを記載しています。

### 設問1

| | | |
|---|---|---|
| ① | 流動比率 | 956.4% |
| ② | 総資産回転率 | 0.3回 |
| ③ | 純資産比率 | 85.6% |
| ④ | 従事者１人当たりサービス活動収益 | 6,606千円 |
| ⑤ | 従事者１人当たり人件費 | 3,852千円 |
| ⑥ | 経費率 | 31.5% |
| ⑦ | 経常収益対支払利息率 | 0.7% |
| ⑧ | 総資産サービス活動増減差額比率 | 2.5% |
| ⑨ | 利用率 | 95.2% |

### 設問2

(1)

| ⑤、⑥、⑦ |
|---|

(2)

| 上 | 記 | の | 費 | 用 | の | 適 | 正 | 性 | に | 関 | す | る | 指 | 標 |
|---|---|---|---|---|---|---|---|---|---|---|---|---|---|---|
| は | 、 | 良 | 質 | な | サ | ー | ビ | ス | 提 | 供 | に | 必 | 要 | な |
| 支 | 出 | が | 行 | わ | れ | て | い | る | か | 、 | ま | た | 、 | 冗 |
| 費 | が | 生 | じ | て | い | な | い | か | を | 把 | 握 | す | る | も |
| の | で | あ | る | 。 | 福 | 祉 | に | お | い | て | は | 、 | 必 | ず |
| し | も | 費 | 用 | が | 安 | け | れ | ば | よ | い | も | の | で | は |
| な | い | こ | と | に | 注 | 意 | す | る | 。 | | | | | |

(100字)

**解答** 練習問題

## 練習問題 ⑯ 分析その２

※　問題文は記載せず、解答のみを記載しています。

### 設問１

| | |
|---|---|
| ① | 平均 |
| ② | サービス活動収益 |
| ③ | 減価償却費 |
| ④ | 経常収益 |

### 設問２

| | |
|---|---|
| ⑤ | サービス活動増減差額 |
| ⑥ | 総資産回転率 |

### 設問３

| 項目 | 記号 | 名称 |
|---|---|---|
| 生産性 | イ | 労働分配率 |
| | ヘ | 従事者１人当たりサービス活動収益 |
| 安定性 | ハ | 償還財源対長期借入金元金償還額比率 |
| | ニ | 固定長期適合率 |
| 機能性 | ロ | 利用者10人当たり従事者数 |
| | ホ | 利用率 |

### 設問４

| 財 | 務 | 諸 | 表 | の | 分 | 析 | は | 、 | 貨 | 幣 | 的 | 評 | 価 | に |
|---|---|---|---|---|---|---|---|---|---|---|---|---|---|---|
| 表 | れ | な | い | 利 | 用 | 者 | の | 満 | 足 | 感 | ・ | 幸 | 福 | 感 |
| の | よ | う | な | 、 | 定 | 性 | 的 | な | 評 | 価 | を | 行 | う | こ |
| と | が | で | き | な | い | 。 | | | | | | | | |

（52字）

**練習問題 ⑰ 複合問題**

※ 問題文は記載せず、解答例のみを記載しています。

**設問1**

| 307,821 | 千円 | 65,806千円＋242,015千円＝307,821千円 |

**設問2**

| 内 | 部 | 留 | 保 | は | 、 | 事 | 業 | 活 | 動 | の | 結 | 果 | と | し |
|---|---|---|---|---|---|---|---|---|---|---|---|---|---|---|
| て | 蓄 | 積 | さ | れ | た | 純 | 資 | 産 | の | 一 | 部 | で | あ | っ |
| て | 、 | な | ん | ら | か | の | 活 | 動 | の | 原 | 資 | に | 充 | て |
| る | こ | と | の | で | き | る | 資 | 金 | （ | あ | る | い | は | そ |
| の | 原 | 資 | と | な | る | 資 | 産 | ） | で | は | な | い | 。 | |

**設問3**

| 349,282 | 千円 | 1,027,300千円×0.34＝349,282千円 |

**設問4**

| 58,214 | 千円 | 349,282千円×2／12＝58,213.$^{66}$千円 |

**設問5**

| 65,806 | 千円 | 積立資産（預金）≧その他の積立金計上額 |

**設問6**

| 456,391 | 千円 | 319,474千円÷70％＝456,391.$^{42}$千円 |

**設問7**

| 912,782 | 千円 | 456,391千円×2＝912,782千円 |

**設問8**

| 136,917 | 千円 | 456,391千円－319,474千円＝136,917 |

設問9

　現時点におけるＥ法人の設備資金借入金残高は172,414千円となっているのに対して、当期以降20年間で生み出される返済財源は136,917千円と見込まれることから、長期借入金の返済に伴って、20年後の現金預金残高は35,497千円減少することになる。今後20年間の当期活動増減差額がちょうどゼロで推移し、かつ、他の条件が一定であるとすれば、20年後の流動資産残高は187,683千円となる。このうち、サービス活動収益の２か月分に相当する58,214千円が事業未収金として必要となり、20年後の流動資産残高のうち、事業未収金58,214千円以外のすべてを建替え資金に充当することが可能であるとしても、充当できる資金は、129,469千円にすぎない。

　さらに、その他の固定資産148,900千円のすべてを建替え資金に充当することが可能であるとしても、流動資産とあわせて施設再生の財源は合計278,369千円に過ぎず、国庫補助が見込めないとすれば、施設再生財源として、約７億２千万円が不足することになる。

　不足する資金は、借入金によってまかなわざるをえないが、現状の収益力を前提とすると、20年間で生み出すことのできる返済財源は、136,917千円であり、返済に100年超を要する借入は到底不可能と考えられ、施設再生は極めて困難なものと判断される。そうならないためには、収益性を改善して、毎期の活動増減差額をプラスにし、長期的に資金を蓄えていく必要がある。

　もともと、内部留保があるといっても、純資産約８億円に対して、基本財産に６億５千万円以上が投下されており、附帯する設備、運転資金等を考えると、余剰資金はほとんど存在していないという現実を認識する必要がある。

**練習問題 ⑱ 社会福祉充実残額の計算 ～ 小規模施設経営法人の例**

※ 問題文は記載していません。

(1) 活用可能な財産は、次の計算によって 100 百万円 となる。

・活用可能な財産 = 330 百万円 − 100 百万円 − 30 百万円 − 100 百万円

(2) 事業に活用している不動産等は、次の計算によって 20 百万円 となる。

・事業用不動産等 =

200 百万円 + 30 百万円 − 30 百万円 − 100 百万円 − 80 百万円

(3) 将来の建替えに必要な費用は、次の計算によって 12 百万円 となる。

・建替えに必要な費用 = 51 百万円 × 1.070 × 22 %

(4) 大規模修繕費用は、次の計算によって 15 百万円 となる。

・大規模修繕費用 = 51 百万円 × 30 % − 0 百万円

(5) 設備・車両等の更新に必要な費用は、 12 百万円 である。

(6) 以上から、再取得に必要な財産は、 39 百万円 となる。

(7) また必要な運転資金は、次の計算によって 18 百万円となる。

・必要な運転資金 = 72 百万円 ÷ 12 か月 × 3 か月

(8) 以上のことから、原則として控除対象財産の額は、(2)と(6)及び(7)の合計である77百万円と計算される。しかし、この法人の場合、年間事業活動支出が72百万円であって、この金額は( 6 )と( 7 )とで計算された額の合計額 57 百万円よりも多い。したがって「主として施設・事業所の経営を目的としない法人等特例」を適用して、( 6 )と( 7 )とで計算された額の合計額 57 百万円にかえて年間事業活動支出全額を控除することができる。この場合、控除対象財産の合計は、次の計算によって 92 百万円となる。

・控除対象財産合計 = 20 百万円 + 72 百万円

(9) 以上の結果、この法人の社会福祉充実残額は、次の計算によって 8 百万円 となる。

・社会福祉充実残額 = 100 百万円 − 92 百万円

## 練習問題 ⑲ 社会福祉充実残額の計算

※　問題文は記載していません。

(1)　活用可能な財産の価額はいくらですか。　　　　　　　　　　　| 366,992,500円 |

(2)　控除対象財産について、下のそれぞれの額はいくらですか。なお、計
　　　算過程で生じた1円未満の端数は切捨てます。

　　　①　社会福祉法に基づく事業に活用している不動産等　　　　　| 153,056,320円 |

　　　②　再取得に必要な財産

　　　　　ア　将来の建替に必要な費用　　　　　　　　　　　　　　| 45,062,360円 |

　　　　　イ　建替までの間の大規模修繕に必要な費用　　　　　　　| 48,639,800円 |

　　　　　ウ　設備・車両等の更新に必要な費用　　　　　　　　　　| 52,758,280円 |

　　　③　必要な運転資金　　　　　　　　　　　　　　　　　　　　| 48,030,900円 |

　　　④　控除対象財産の合計　　　　　　　　　　　　　　　　　　| 347,547,660円 |

(3)　社会福祉充実残額はいくらですか（1万円未満の端数は切捨てます）。| 19,440,000円 |

### 【解説】

(1)　活用可能な財産の価額　366,992,500

$$\left(\underset{830,879,000}{\overset{資産}{}} - \underset{93,506,500}{\overset{負債}{}} - \underset{100,000,000}{\overset{基本金}{}} - \underset{270,380,000}{\overset{国庫補助金等特別積立金}{}}\right)$$

(2)　控除対象財産

　①　社会福祉法に基づく事業に活用している不動産等　153,056,320

$$\left(\underset{550,534,000}{\overset{基本財産}{}} + \underset{29,703,720}{\overset{未収補助金他固定資産}{}} - \underset{100,000,000}{\overset{対応基本金}{}} - \underset{270,380,000}{\overset{国庫補助金等特別積立金}{}} - \underset{56,801,400}{\overset{対応負債}{}}\right)$$

　②　再取得に必要な財産　＝下のアイウの合計＝146,460,440

　　　ア　将来の建替に必要な費用

　　　　　建設単価上昇率

　　　　　実績上昇率＝25万円÷建設単価315,500円＝0.792＜1.135　∴1.135を採用

　　　　　自己資金比率

　　　　　建設時自己資金比率＝126.3百万円÷631百万円＝20.0％＜22％　∴22％を採用

$$= (\underset{180,466,000}{\overset{減価償却累計}{}} \times \underset{1.135}{\overset{建設単価上昇率}{}}) \times \underset{22\%}{\overset{自己資金比率}{}} = 45,062,360 （端数切捨て）$$

　　　イ　建替までの間の大規模修繕に必要な費用

$$= (\underset{180,466,000}{\overset{減価償却累計}{}} \times \underset{30\%}{\overset{修繕費用割合}{}}) - 5,500,000 = \underset{48,639,800}{\overset{修繕実績額}{}}$$

　　　ウ　設備・車両等の更新に必要な費用

　　　　　その他固定資産減価償却累計額　＝　52,758,280

　③　必要な運転資金＝192,123,600÷12か月×3か月＝48,030,900

　　　　　特例のチェック　②＋③＝194,491,340＞192,123,600　∴特例適用せず

　④　控除対象財産の合計　①＋②＋③＝347,547,660

(3)　社会福祉充実残額　(1)−(2)の④　＝19,444,840（1万円端数切捨て）

**練習問題 ⑳ 会計処理等と社会福祉充実残額の増減**

　以下の【解答欄】に記載するような事例があった場合、社会福祉充実残額はどのように増減するでしょうか。各事例について、右欄の「増加・減少・増減なし」のいずれかを○で囲み、そう思われる理由を「増減等理由」の右の点線箇所に記入します。

【解答欄】

| 事　　　　例 | 社会福祉充実残額の増加または減少 |
|---|---|
| ① 従来計上していなかった諸引当金を正しく計上した<br>　　増 減 等 理 由　　活用可能な財産が減るから | 増加・(減少)・増減なし |
| ② 帳端(締切日から会計期間末日の間)の事業未払金を正しく計上した<br>　　増 減 等 理 由　　活用可能な財産が減るから | 増加・(減少)・増減なし |
| ③ 末日〆の翌月払の時間外手当を未払計上した<br>　　増 減 等 理 由　　活用可能な財産が減るから | 増加・(減少)・増減なし |
| ④ ３月分の法定福利費（４月末引落）を未払計上した<br>　　増 減 等 理 由　　活用可能な財産が減るから | 増加・(減少)・増減なし |
| ⑤ 含み損のある事業用土地・建物の強制評価減を実施した<br>　　増 減 等 理 由　　活用可能な財産が減るが、同額だけ控除対象財産も減少するから | 増加・減少・(増減なし) |
| ⑥ 含み損のある遊休地の強制評価減を実施した<br>　　増 減 等 理 由　　活用可能な財産が減るから | 増加・(減少)・増減なし |
| ⑦ 大規模修繕を実施して費用処理した<br>　　増 減 等 理 由　　活用可能な財産が減るが、建替までの間の大規模修繕に必要な費用が同額減少するから | 増加・減少・(増減なし) |